# RECHERCHES HISTORIQUES

## SUR LA VILLE

# DE SAINTE-SUZANNE

PAR LE Dr CH. NORY

SILLÉ-LE-GUILLAUME. — IMPRIMERIE VEAU-BESNARDEAU

1888

RECHERCHES HISTORIQUES

SUR LA VILLE

# DE SAINTE-SUZANNE

# AVANT-PROPOS

Nous n'avons pas la prétention d'offrir au public une histoire complète de Sainte-Suzanne, mais seulement une étude ne devant être considérée que comme une ébauche. Nous espérons que d'autres plus autorisés que nous, plus libres de leur temps et de leurs deniers, voudront plus tard achever et compléter cette histoire.

Ce qui nous a décidé à publier ces pages, c'est que nous sommes convaincu que, tout incomplètes qu'elles soient, elles auront quelque attrait, non seulement pour les habitants de Sainte-Suzanne, mais encore pour tous ceux qui, de près ou de loin, s'intéressent à cette vaillante petite ville.

Nous avons placé, au début de cet ouvrage, l'extrait d'une ravissante description du pays, qu'en a donnée, avec tout son talent et tout son cœur, notre savant compatriote M. Ledrain. Nous le remercions vivement de sa bienveillante autorisation, et nous sommes persuadé que ces pages charmantes, données comme introduction, sauront, mieux que nous, intéresser le lecteur à l'histoire de ce beau pays de l'Erve, et grouper autour de Sainte-Suzanne les sympathies de tous ceux qui ont quelque souci de ce qui est vraiment digne d'être admiré.

Outre nos recherches personnelles dans les archives de

Sainte-Suzanne et celles qu'a bien voulu faire pour nous M. de Martonne, archiviste du département, nous avons eu recours aux ouvrages de M. l'abbé Gérault et de M. l'abbé Brillet. Quelques amis aussi nous ont fourni certains documents que les lecteurs trouveront çà et là dans le cours de ces pages. Enfin nous avons puisé largement dans les deux ouvrages si intéressants de M. Robert Triger : *Étude sur Douillet-le-Jolly* et *Une Forteresse du Maine pendant la guerre de Cent ans.*

Qu'il nous soit permis ici de leur adresser à tous nos sincères remercîments, en leur demandant très humblement pardon des larcins que nous avons pu commettre.

*Sainte-Suzanne, le* 4 *Mars* 1888.

# INTRODUCTION

## UNE PETITE VILLE HISTORIQUE

Entre Laval et Le Mans, à deux lieues environ de la station d'Évron, s'élève, *sur un rocher*, la plus curieuse peut-être des petites villes françaises. Son groupe de maisons, dont les toits fument au soleil couchant, est encore ceint des vieilles murailles du Moyen âge. De loin le voyageur, arrivant par les routes serrées entre de grandes haies, aperçoit avec étonnement les tours massives de Sainte-Suzanne. L'une d'elles, énorme sentinelle, tout égayée au printemps par les fleurs de l'œillet, domine toute la contrée. Quels rudes assauts ces murs anciens ont supportés! N'était-elle pas, la vieille ville, pendant la guerre de Cent ans, le boulevard du Maine et de l'Anjou? Avant que la Bretagne fût française, Sainte-Suzanne se tenait là, au poste avancé, comme un enfant perdu, recevant les premiers coups de l'Anglais, et couvrant de son corps celui de la patrie française tout entière.

J'ai des souvenirs vagues de ce que le rocher immense sur lequel elle est placée devait être aux temps passés. Combien de fois, de la barque sur laquelle on pêchait; de la butte voisine où, enfant, j'allais en été cueillir le fruit noir de l'airelle; de la fontaine glacée, ensevelie sous les plantes vertes et sous la mousse, n'ai-je pas contemplé cette large mamelle sur laquelle Sainte-Suzanne a posé son mur d'enceinte et ses tours! En octobre, quand les premières brumes refroidissaient tout, que les premières bises secouaient, avec des plaintes, les têtes des hauts peupliers, il s'échappait des murs et du vieux château des nuées de corbeaux. Spectacle varié suivant les saisons, mais toujours particulièrement beau ! C'est là que j'ai fait, pour l'avenir, ma provision de poésie.

Je crois que ce phénomène : une ville pleine de souvenirs historiques, encore entourée de ses forteresses et de son château comme au Moyen âge, vaut la peine qu'on s'en préoccupe et qu'on veille soigneusement à sa conservation.

Près de la ville, sur une élévation, on voit, formant une sorte de fer à cheval, le *Camp des Anglais*. C'est de là que, à l'origine de l'artillerie, ils envoyèrent vers Sainte-Suzanne leurs premiers projectiles, dont elle se pouvait rire à l'abri de ses tours. Aujourd'hui, dans l'enceinte du camp, devenue charmante, pousse l'herbe épaisse et fleurissent les pommiers. Le pommier, n'est-ce pas un peu l'ennemi de l'Anglais ? Là où il foisonne, en Normandie, en Bretagne, dans le Maine, vit, ardente et profonde, la haine de l'Angleterre.

Je n'ai pas encore indiqué tous les monuments que renferme le territoire de Sainte-Suzanne. Combien d'heures j'ai passées, enfant, sur les genoux de ma grand'mère, à écouter les contes qu'elle me disait de sa douce voix un peu tremblante ! Toujours c'était les fées qui paraissaient dans ses récits. Il en défilait devant mes yeux de toutes les tailles, de toutes les humeurs, de tous les âges. Jeunes et vieilles fées, bonnes et méchantes, que j'en ai vu dans mes premières années dont je savais par cœur tous les noms ! Le soir, quand je descendais vers les peupliers de l'Erve, à l'heure où se fait la pêche aux écrevisses et où l'on entend le cri aigu de la chouette, il me semblait les entrevoir se promenant, en robes vertes, le long de la rivière. C'est qu'à Sainte-Suzanne, autant que sur les côtes de Bretagne, on est en pays druidique et en pays de fées.

La vie de la petite ville et ses souvenirs s'étendent fort au delà de l'époque française et historique. Dans ses vallons d'une si particulière physionomie, qui ont leur forme et presque leur visage, comme une personne humaine, on a autrefois cherché et cueilli le gui sacré du chêne. Il y a un endroit boisé, fort désert, où l'Erve coule plus large, un endroit que les druides et les fées paraissent avoir tout spécialement aimé. Là se dressent trois pierres druidiques dont le propriétaire du champ, homme de tact et de savoir, connaît toute la valeur.

Rien de plus saisissant que de les visiter, le soir, au milieu des ombres agitées et presque vivantes des peupliers, au murmure de la rivière et du vent dans des grands arbres. Ce sont sans doute ces bruits mystérieux, cet emplacement unique, au fond d'une vallée, caché sous les branches, qui ont attiré les vieux druides.

Sans entrer dans les détails, voilà quelques-uns des souvenirs et des monuments grâce auxquels Sainte-Suzanne mérite la bienveillance efficace des artistes et des patriotes. A cette heure surtout ne doit-on pas prendre de la vieille ville qui, de son rocher, a tant nargué les Anglais, un souci tout particulier? Si un jour les provinces de l'Ouest se veulent réunir pour célébrer quelque fête patriotique, et chanter, le petit verre d'eau-de-vie de cidre en main, la grande haine qu'elles ont au cœur, elles ne trouveront certainement pas de lieu mieux approprié que l'enceinte murée de Sainte-Suzanne. Là, aux pieds de la statue que la petite ville doit à son vaillant défenseur, Ambroise de Loré, tout ce qui, en France, aime le vin du pommier, reprendra le refrain contre la vieille ennemie, à l'ombre de la grosse tour, regardée tant de fois avec colère par l'Anglais, dans la guerre de Cent ans :

Le tronte et un du mois d'août .....

E. LEDRAIN.

*PREMIÈRE PARTIE*

# SAINTE-SUZANNE

ET LES

# GUERRES ANGLAISES

2

# CHAPITRE Ier

—

## SAINTE-SUZANNE AVANT 1789

Sainte-Suzanne (*Sancta Suzanna. Sanctæ Suzannæ oppidum*), autrefois de l'élection de La Flèche, aujourd'hui chef-lieu de canton du département de la Mayenne, est située à l'Ouest-Nord-Ouest par Ouest du Mans, dont elle est éloignée d'environ 50 kilomètres. Bâtie au sommet d'un rocher escarpé, dont le pied est arrosé par la rivière d'Erve, qui coule du Nord-Nord-Est, au Sud elle était abritée dans la plaine au N.-O. par le Grand-Etang, à l'Ouest et au Sud par les étangs de la Gravelle et de la Chauvinière. Elle se composait avant 1789 d'une soixantaine (?) de maisons bâties sans goût et d'une rue principale étroite et mal pavée. En 1700, la ville de Sainte-Suzanne contenait avec le reste de la paroisse 229 feux et payait 2,400 livres de taille.

Depuis plusieurs années de nouvelles habitations ont été construites et les anciennes réparées. En 1824, l'administration municipale fit renverser une grosse tour carrée et, sur son emplacement, on a percé la rue Neuve, qui communique de la ville au Champ-de-Foire (1).

Cette ville, l'une des plus anciennes du Maine, fut jadis une place importante. Quoique dominée par le rocher du tertre Gane, dont un vallon étroit la sépare, elle était, avant l'usage du canon, regardée comme un rempart inexpugnable contre les incursions des Bretons et des Normands. A l'extrémité du tertre s'élève la *Butte des*

(1) Aujourd'hui Place Ambroise de Loré.

*Quatre-Piliers*, appelées aussi *Fourches patibulaires*, parce que l'on y exposait le corps des suppliciés (1).

Selon une antique tradition, Sainte-Suzanne était primitivement un simple château comprenant, dans son enceinte, l'étendue de la cour, telle qu'on la voit encore, et ayant à sa proximité un bourg, dont l'église paroissiale portait le nom de Saint-Jean, surnommé de *Hautefeuille*, à cause de sa situation sur une éminence. Quand on réunit le bourg au château, afin d'augmenter les fortifications de ce point d'une si haute importance pour la défense du pays, la nouvelle enceinte n'eut plus qu'un seul nom, et l'église elle-même fut placée sous le patronage de Sainte-Suzanne. Mais, pour conserver les vieux souvenirs, on dédia une des chapelles à Saint-Georges et Saint-Jean de Hautefeuille. Les registres des sépultures de l'église signalent des inhumations faites, dans cette chapelle, en 1694, 1696 et années suivantes (2).

Les fortifications de Sainte-Suzanne ne paraissent pas remonter au delà du x^e siècle. On y distingue l'enceinte du château, le donjon et l'enceinte de la ville.

L'enceinte du château, placée au Sud-Sud-Est, comprend le tiers de la ville ; elle en est séparée par des murailles de 50 pieds d'élévation sur 6 à 8 d'épaisseur, qui sont flanquées de tours distantes les unes des autres de 50 à 60 pieds.

Le donjon, consistant en une grosse tour carrée, avait de 120 à 130 pieds d'élévation, 60 de longueur et 30 de largeur ; l'épaisseur des murs d'enceinte était de 10 à 12 pieds. Ce donjon, soutenu par des contre-forts et construit vis-à-vis de l'ancien château, dont il ne reste plus que des débris, servait évidemment de dernier retranchement en cas de surprise ou de défaite. A côté s'élève une

(1) Le nombre des piliers attachés au gibet d'une justice était réglé d'après la qualité de la seigneurie. Le gibet du baron était à quatre piliers, ceux du comte et du vicomte à six piliers. — *Coutumes du Maine.*

(2) Les inhumations y étaient, paraît-il, très fréquentes, puisque, dans l'espace de trois années seulement (1694-95-96) on relève sur le registre des sépultures les noms de vingt-trois personnes inhumées soit dans la chapelle Saint-Georges (*alias* Saint-Jean de Hautefeuille de l'église paroissiale), soit dans la chapelle Sainte-Madeleine du cimetière. De nombreux ossements ont du reste été retrouvés quand on a creusé les fondations pour la restauration et l'agrandissement de l'église en 1883-84.

tour ronde appelée *tour farinière,* parce qu'on y déposait toutes les provisions de bouche. Le haut du donjon est détruit, et le fossé, que traversait le pont-levis, plus ou moins comblé. En 1218, Raoul, vicomte de Beaumont, donna une charte par laquelle il reconnaissait devoir annuellement aux moines d'Évron quatre sous mançais, pour le donjon de son château de Sainte-Suzanne (1).

La chapelle de ce château, à la présentation du seigneur et dédiée à saint Louis, est tombée de vétusté. On en trouve quelques vestiges dans l'intérieur du fort.

La ville a environ 400 toises de circonférence : les murs, qui ont été plus élevés qu'ils ne le sont aujourd'hui, étaient flanqués de tours disposées de distance en distance et soutenues par de nombreux contre-forts. Ces murs avaient 7 à 8 pieds d'épaisseur, 8 à 10 d'élévation dans certains endroits et 15 dans d'autres. La tour la plus importante, bâtie au Sud-Ouest, peut avoir 80 pieds d'élévation et 400 de circonférence.

Les murs de la ville ont été construits sur de plus anciens et même sur des débris de murailles vitrifiées. On observe un bloc (2) de ces vitrifications au Sud, sur une longueur de 10 mètres. Cette masse offre une aggloméra-

(1) **Charta de castro Santæ Susannæ.**

Universis fidelibus præsentes litteras inspecturis, Radulphus, vicecomes Bellimontis salutem in Domino. Noverit universitas vestra me et hœredes meos debere de censu ecclesia Beata Mariœ de Ebronio quatuor solidos Cenomanenses de turre meâ quœ sita est in castro Sanctœ Suzannœ, singulis annis, in festo assumptionis Beatœ Mariœ per manum villici dicti castri monachis ebroinienslbus persolvendos. Et si villicus castri victum censum in festo prœtaxato non reddiderit, quot diebus post festum censum illum reddere neglex erit, pro uno quoque die, duodecim denarios tenebitur dictis monachis emendare. Quod ut ratum permaneat in futurum, prœsentem cartulam sigilli mei munime roboravi. Actum, anno gratiœ millesimo ducentesimo octavo decimo. (*Cartulaire de l'abbaye d'Évron*).

**Charte touchant le château de Sainte-Suzanne.**

À tous les fidèles qui ces présentes lettres verront, Raoul, vicomte de Beaumont, salut en notre seigneur. Que tous sachent que je dois, ainsi que mes héritiers à l'église de Notre-Dame d'Evron, pour mon donjon situé dans le château de Sainte-Suzanne quatre sous mançais de cens, payables chaque année aux moines d'Evron, le jour de l'Assomption de la sainte Vierge par le fermier de mon dit château. S'il n'acquittait pas ce cens au terme fixe de la fête, il sera tenu de donner aux moines en dédommagement, autant de fois douze deniers qu'il aura laissé passer de jours après la fête, sans payer ledit cens. Et, afin que ceci demeure validé pour toujours, j'ai confirmé la présente charte par l'apposition de mon sceau. Fait l'an de grâce mil-douze-cent-dix-huit.

(2) Ce bloc a été détruit à l'édification des terrasses qui ont remplacé les remparts à cet endroit. Les débris en ont été dispersés dans plusieurs maisons particulières.

tion de pierres (presque toujours de grès) irrégulières et inégales, liées par une pâte vitreuse de couleur vert-bouteille plus ou moins foncée (1).

Les portes *Murée* et du *Guichet*, au Sud et au Nord, furent détruites en 1786, parce qu'elles gênaient le passage des voitures. Il y en avait en outre deux autres petites, la porte de *Fer* et celle dite la *seconde porte du Guichet,* communiquant l'une au château du côté du Nord et l'autre à la ville du côté de l'Orient. On voyait au-dessus de la petite porte de Fer une herse de fer suspendue pour défendre l'entrée du château et écraser par sa chute ceux qui auraient voulu s'y introduire. Cette herse, d'où la porte tirait son nom, fut enlevée en 1785 par ordre de M. le duc de Praslin.

Un souterrain, pratiqué dans l'intérieur du château, va de la maison du Garde à l'écurie du Grand-Moulin. Comme il en sortait des reptiles qui incommodaient les chevaux, dit-on, et les faisaient hennir, son issue dans l'écurie fut murée. La tradition ajoute que ce souterrain servait à approvisionner la ville et le château dans les temps de siège. — (Note de M. l'abbé Brillet.)

Vers la fin du règne de Louis XIV, les propriétaires de cette ville, dont les maisons avoisinaient les remparts, en obtinrent une concession avec les fossés correspondants, moyennant une légère redevance. Cependant les concessionnaires n'avaient rien détruit avant 1789. Il y avait même eu une tentative de restauration, comme il ressort d'une montrée faite en 1772, « pour les réparations à faire aux remparts, tours et autres fortifications qui forment l'ensemble de Sainte-Suzanne, ainsi qu'aux bâtiments des Halles, de l'auditoire et des prisons de ladite ville. Cette estimation est faite à la requête de messire Mesnard de Sillac, intendant des finances du comte de Provence, à qui la baronnie de Sainte-Suzanne vient d'être donnée en apanage. Les experts constatent que, jusqu'à présent, il n'y a pas à l'auditoire de salle destinée

(1) M. de la Pylaie.— *Mémoires de l'Académie des Antiquaires de France,* tome VIII p. 860.

à recevoir les archives du greffe, et attribuent à cet état de choses la disparition des minutes antérieures à 1710. » — *(Archives.)*

Cette visite se fit en présence de MM. les officiers du baillage ; la dépense fut évaluée à 20,000 livres, ou plutôt 100,000 livres, comme d'autres l'affirment. Mais ce ne fut qu'un projet, et aucune réparation ne fut faite.

Les tours et les remparts continuèrent cependant à s'élever autour de la ville, excepté dans trois endroits où l'on avait pratiqué des terrasses : au château, au presbytère et auprès d'une maison qui ressemble assez à un castel, à l'ouest du château. Jusqu'en 1793, il y avait sur la terrasse du prespytère un canon qui ne servait que la veille de la fête patronale et à l'installation des curés. Ce canon fut emporté par la troupe de Mamers.

En 1771, Louis XV ayant donné à son petit-fils le comté de Provence, le comté du Maine pour une partie de son apanage, le conseil de ce prince fit de nouvelles concessions à la suite desquelles on vit tomber trois tours avec les remparts, dans une étendue de plus de 40 toises.

En 1789, la plupart des maisons de Sainte-Suzanne étaient à l'antique, intérieurement et extérieurement. Chacune d'elles était bâtie de façon que la façade de l'une était en retrait sur la façade de l'autre. C'était, assure-t-on, un système de défense pour le cas d'envahissement de la ville. Les fenêtres étaient en croix de pierre et les escaliers en forme d'échelles de meunier ; on y montait d'une seule volée. Depuis la Révolution, la ville a changé d'aspect. On y trouve, comme dans les autres villes, des maisons très élégantes et de magnifiques jardins.

## CHAPITRE II

---

### SAINTE-SUZANNE ET GUILLAUME LE BATARD

La situation spéciale de cette forteresse, qui mettait à couvert tout un pays dépourvu de centre de résistance, devait éveiller les convoitises des Anglais. Ils ne pouvaient, en effet, méconnaître l'importance stratégique de cette place, qui leur était d'autant plus nécessaire pour maintenir les Manceaux que ceux-ci, pressurés, pillés, ne cherchaient que des occasions de révolte. Ces révoltes étaient légitimes, car, si on en croit Odéric Vital : « Les Anglais amenés par Guillaume le Bâtard se livraient avec une sorte de frénésie à tous les genres de dévastations et de rapines : arrachant les vignes, coupant les arbres, brûlant les hameaux, faisant au Maine tout le mal qu'ils auraient voulu faire à la Normandie. »

En 1083, Guillaume le Bâtard, roi d'Angleterre et duc de Normandie, s'étant emparé du Maine, Hubert II, vicomte de Beaumont, se réfugia sur le rocher de Sainte-Suzanne, et de là fit appel à tous les preux de la France pour résister à l'usurpateur, qui aspirait ouvertement à la monarchie universelle. Les chevaliers, dociles à la voix de l'honneur, accoururent de toutes parts et Sainte-Suzanne devint le boulevard de la liberté de l'Occident de l'Europe. La défense fut brillante, dit Odéric Vital, et la fortune jusqu'alors si heureuse de Guillaume vint se briser au pied du rocher et des murs de Sainte-Suzanne.

Le siège dura quatre ans, pendant lesquels le vicomte Hubert et les siens *gagnèrent beaucoup de gloire* et s'enrichirent des dépouilles prises dans le camp que les Anglo-

Normands avaient été obligés de construire dans la vallée de Beugy (1) pour arrêter les courses de la garnison. Leurs efforts furent inutiles : ils ne rapportèrent, suivant l'expression de leur historien, que les fers de lance qui demeurèrent fichés dans leurs plaies. Guillaume traita avec Hubert et lui rendit Fresnay et Beaumont. Nous donnons ci-contre un récit aussi complet que possible du siège de Sainte-Suzanne en 1083, tel qu'il nous a été obligeamment communiqué.

(1) Cette vallée de Beugy, au Nord-Ouest de la ville, proche le lieu de la Motte, se nomme actuellement Bongen. Le fort, que les Anglo-Normands y construisirent, était divisé en deux retranchements coupés par un fossé ; un pont-levis en facilitait la communication. Le premier fort, situé à l'Est, a une enceinte dont la longueur est de 80 mètres sur 60 de largeur. On en a fait un champ appelé le *Champ de la Butte*. L'autre enceinte, qui porte le nom de *Champ de Derrière*, est d'une étendue à peu près égale. Il est probable qu'on avait établi des bastions aux quatre extrémités de chacune des enceintes, car le terrain y est plus élevé. Ces ouvrages, en terre mêlée de petites pierres, peuvent avoir 5 à 6 mètres d'élévation, et les fossés, malgré l'éboulement des terres, offrent une largeur de 3 à 4 mètres.

# SIÈGE DE SAINTE-SUZANNE

## PAR GUILLAUME LE CONQUÉRANT

— 1083-1087 —

Lors de la chute de la maison de Charlemagne, trois peuples du Nord-Ouest de la France jouèrent successivement un grand rôle dans notre histoire : ce furent les Bretons, les Normands et les Angevins.

Moins nombreux que les premiers et moins puissants par leurs alliances que les derniers, les Manceaux virent leur comté devenir entre eux un champ de bataille habituel.

Comme leurs voisins, les comtes du Maine avaient acquis l'indépendance lors de la ruine de la maison royale; mais, pour le malheur de la province, il fut également impossible aux Manceaux de conserver cette indépendance ou d'y renoncer. On vit dans le Maine ce qui arrive souvent aux États petits ou faibles, placés dans de semblables circonstances : les dissensions intérieures se joignirent aux maux des guerres étrangères. Nulle part le pouvoir du comte ne fut plus restreint par celui de ses barons ; à la turbulence de ceux-ci se joignit la révolte du peuple, qui proclama la Commune au Mans en 1070. Enfin le comte et l'évêque, sans cesse en contestation, eurent souvent les armes à la main.

A tous ces maux se joignit, en 1063, l'extinction de la famille souveraine ; plusieurs parents ou alliés se mirent aussitôt sur les rangs pour disputer la succession, et entre autres le redoutable Guillaume de Normandie, tant du chef de son fils Robert, fiancé de la dernière héritière, qu'en vertu d'une donation du dernier comte.

Quarante ans de guerres, à la fois civiles et étrangères,

furent la suite de cet événement. Hélie de La Flèche recueillit l'héritage. N'ayant plus devant lui le terrible Conquérant, il parvint à chasser les officiers normands, et fut reconnu universellement en l'an 1100. A partir de cette dernière époque, en 1110, le Maine, devenu simple dépendance de l'Anjou et de la Normandie, put enfin retrouver le calme dont il n'avait pas joui depuis le temps des empereurs Charles le Chauve et Louis le Débonnaire.

Il est surprenant que, pendant les trois siècles que durèrent ces luttes acharnées, Laval et ses barons ne soient pas une seule fois nommés. Laval, situé dans le Maine, était-il déjà, comme le Perche, une seigneurie distincte et affectant l'indépendance? Ses seigneurs furent-ils doués d'une sagesse telle qu'ils purent se maintenir en neutralité et en paix au milieu des révolutions? L'histoire de ces temps s'occupe peu des sires de Laval : elle nous apprend seulement que, vers l'an 1050, ils eurent des différends avec Vitré (1) et, en 1085, avec Château-Gontier (2). Ils avaient aussi accompagné, en 1066, le duc Guillaume à la conquête d'Angleterre (3). Au reste, redevables envers ce dernier de bienfaits signalés, et, en outre, devenus ses parents par alliance, ils ne durent pas se montrer défavorables à ses prétentions ou à celles de ses successeurs.

Les deux héros du Maine qui tinrent tête à Guillaume furent Geoffroy, baron de Mayenne, et Hubert, baron de Sainte-Suzanne, vicomte de Beaumont et de Fresnay. Le premier eût laissé un nom digne d'éloges si sa conduite, à la tête des troupes de la commune du Mans, ne l'eût rendu suspect à tous les partis. Après lui, Hubert brava impunément, sur le rocher de Sainte-Suzanne, toute la puissance du conquérant de l'Angleterre; son nom devait être à jamais en honneur dans le pays qu'illustra sa généreuse défense.

Ce siège mémorable ne nous a malheureusement été

(1) Guy II de Laval et Robert Ier de Vitré.
(2) Guy III de Laval et Allard Ier de Château-Gontier.
(3) Hamon, sire de Laval, avec son fils Guy III.

rapporté que dans le peu de lignes que lui a consacrées l'historien normand Odéric Vital. Encore n'en parle-t-il qu'accidentellement. Dans cet événement qui devient, ce semble, une sorte de croisade pour arrêter la fortune du conquérant, la mort de Richer de Laigle, jeune homme de grande espérance, est ce qui frappe le plus l'historien. Les regrets qu'il lui donne lui font oublier de nous rien dire du combat au commencement duquel il fut frappé le 18 de novembre.

Quel dommage que ce siège de trois ans, qui *usa* trois généraux ennemis, où commandèrent en personne Guillaume d'abord, puis ses fils sous le duc de Bretagne, et enfin un troisième général qui y fut tué (1), où toutes les forces de la Normandie, de l'Angleterre et de la Bretagne se trouvaient, d'un côté et de l'autre, les meilleurs chevaliers de l'Aquitaine, de la Bourgogne et des autres provinces de France, ne nous ait pas été transmis en détail! Quel malheur d'en être réduit à savoir seulement, selon l'expression de l'historien des ennemis, qu'en résultat Hubert et les siens augmentèrent avec honneur leurs richesses et leur puissance, tandis que leurs ennemis ne gagnèrent que *les fers de lance qui demeurèrent fichés dans leurs plaies* (2).

Voici le récit de l'historien normand, traduction donnée par M. Guizot :

« Après la mort de la glorieuse reine Mathilde (2 novembre 1083), le roi Guillaume eut violemment à souffrir pendant près de quatre ans qu'il lui survécut, des nombreuses tribulations qui s'élevèrent contre lui. En effet, quelques-uns de ses sujets du Maine, pays dont les habi-

(1) Hervé le Breton.

(2) Les mots d'Odéric Vital, qui suivent immédiatement ce récit, peuvent donner une idée de la puissance de Guillaume.

« Dans ce temps-là, le roi Guillaume fit faire le recensement des chevaliers du royaume d'Angleterre. On en trouve soixante mille auxquels il ordonna de se tenir prêts en cas de besoin. » — ODÉRIC VITAL, tome III, p. 175.

Guillaume était duc de Normandie, roi d'Angleterre, suzerain de la Bretagne. Il avait donné le comté du Maine à son fils aîné Robert; mais on voit dans les historiens qu'il se réservait à lui-même le titre de prince des Manceaux.

tants sont presque toujours agités par l'inquiétude qui leur est naturelle et dont l'inconstance trouble la paix publique en même temps qu'ils se troublent eux-mêmes, prirent les armes contre le roi Guillaume et occasionnèrent à eux-mêmes, ainsi qu'à beaucoup d'autres, des dommages considérables. Le vicomte Hubert (1), gendre de Guillaume, comte de Nevers, avait autrefois offensé le roi dans des circonstances peu importantes ; mais ses offenses ne firent que s'accroître par la suite ; il abandonna Beaumont et Fresnay (2), ses places fortes, et, comme un ennemi public, se retira avec sa femme et les siens au château de Sainte-Suzanne. Cette place où il s'enfuit est située sur la rivière d'Erve, au haut d'un rocher escarpé sur les confins du Maine et de l'Anjou. Il y réunit une armée et sans relâche fit beaucoup de mal et inspira beaucoup de crainte aux Normands, qui s'efforçaient de protéger le territoire des Manceaux. Ce vicomte était d'une illustre noblesse, remarquable par un mérite éminent, plein de courage et d'audace, et ses grandes qualités avaient porté fort loin sa renommée. Les garnisons de la ville du Mans et des places circonvoisines eurent fréquemment à souffrir des incursions d'Hubert. Elles firent entendre au roi Guillaume leurs plaintes fondées sur de grands malheurs et réclamèrent son assistance.

« En conséquence le roi rassembla sans tarder une armée de Normands, manda ceux des Manceaux qui lui étaient restés fidèles, et pénétra dans le pays ennemi avec des forces considérables. Toutefois il ne put assiéger la forteresse de Sainte-Suzanne, qui était inaccessible à cause des rochers et de l'épaisseur des vignes qui l'entourent de toutes parts ; il ne put pas non plus tenir l'ennemi étroitement enfermé, parce que celui-ci se procurait courageusement des moyens de communication. C'est pourquoi le roi éleva un fort dans le val Beugic (3), et y plaça une

(1) Vicomte du Mans.

(2) Beaumont-le-Vicomte et Fresnay-sur-Sarthe.

(3) *In valle Beugici* ; c'est au lieu de la Motte, au Nord-Est de Sainte-Suzanne, au-dessus du vallon de Bongin. On y trouve le *Champ de Bataille*, et l'on y voit des ouvrages en terre de 15 ou 20 pieds de hauteur, avec des fossés larges et profonds.

forte garnison pour contenir l'ennemi. Quant à lui, il retourna en Normandie pour y régler les affaires importantes de l'État. L'armée du roi, à la tête de laquelle se trouvait Alain le Roux, comte des Bretons (1), se faisait remarquer par ses richesses, par ses chevaux (2) et son appareil militaire; mais les assiégés s'efforçaient de les égaler en courage et en nombre; car de l'Aquitaine, de la Bourgogne et des autres provinces de France, les meilleurs chevaliers allaient vers Hubert et désiraient ardemment le seconder de tous leurs efforts et signaler leur bravoure. Il en résulta que le château de Sainte-Suzanne s'enrichit aux dépens des assiégeants, et que de plus en plus il se fortifiait journellement dans ses moyens de résistance. Il arrivait souvent que de riches seigneurs, soit Normands, soit Anglais, tombaient dans les mains des assiégés. Du prix de leur rançon, le vicomte et Robert de Bourgogne, dont il avait épousé la nièce, ainsi que les autres personnes de son parti, s'enrichissaient honorablement. C'est ainsi que, pendant trois années, Hubert résista aux Normands, et, chargé des dépouilles de l'ennemi, brava ses attaques. Dans cette guerre, Robert de Vieux-Pont, Robert d'Ussi et plusieurs autres chevaliers normands de distinction furent tués, et laissèrent de justes regrets. Le 18 novembre, lorsque l'armée normande allait charger l'ennemi, un jeune homme encore imberbe, qui s'était caché le long du chemin dans les buissons, tira une flèche, et frappa mortellement sous l'œil Richer de Laigle, fils d'Engenoul. Ses compagnons d'armes accoururent pleins de fureur, se saisirent aussitôt du jeune homme et voulurent le tuer pour venger ce noble seigneur; mais Richer mourant le protégea. Pendant qu'on voulait égorger le jeune homme, le blessé cria aussi fort qu'il put : « Pour l'amour « de Dieu, laissez-le aller ; c'est ainsi que je dois mourir « pour l'expiation de mes péchés. » Le meurtrier fut aus-

(1) On voit dans les notices chronologiques des comtes du Maine et des ducs de Bretagne, des Bénédictins de Saint-Maur, que le roi d'Angleterre avait laissé ses deux fils, Guillaume et Henri, avec le duc de Bretagne pour continuer la guerre. (Voir l'*Art de vérifier les dates.*) — Notes de l'Editeur du *Mémorial.*

(2) *Equis* dans quelques manuscrits, *épulis* dans d'autres.

sitôt renvoyé ; le chevalier, digne de regrets, confessa ses péchés à ses camarades, et mourut avant qu'on eût pu le conduire à la ville. On porta son corps à un certain couvent de moines que son père Engenoul avait bâti dans ses terres en l'honneur de Saint-Sulpice, évêque de Bourges : c'est là qu'au milieu du deuil profond de ses parents et de ses amis, il fut inhumé par le vénérable Gilbert, évêque d'Évreux.

« Ce seigneur fut justement pleuré de ceux qui le connaissaient, car il s'était distingué toute sa vie par beaucoup de bonnes qualités. Il avait une grande force de corps ; il était beau et agile, fidèle à la loi de Dieu, doux et humble avec les hommes religieux, habile et éloquent dans les affaires du siècle, et, dans toutes ses habitudes, tranquille et généreux. Il eut pour femme Judith, fille de Richard d'Avranches, surnommé Goz, et sœur de Hugues, comte de Chester. Il eut d'elle Gislebert de Laigle, Engenoul, Mathilde et plusieurs autres enfants de l'un et l'autre sexe.

« Gislebert, resté seul par la mort de ses frères et de ses sœurs, devint le successeur du mérite et des biens de son père ; il épousa Julienne, fille de Geoffroy, vaillant comte de Mortagne, dont il eut Richer, Engenoul, Geoffroi et Gislebert, dont le second et le troisième périrent en mer, le 25 novembre, avec Guillaume Adelin, fils du roi Henri, et avec plusieurs autres personnes de distinction. Mathilde épousa Robert de Mowbrai, seigneur puissant, comte de Northumberland, qui, la même année, prit les armes contre Guillaume le Roux, roi des Anglais. Ayant été pris peu de temps après, il vieillit sans avoir de lignée, pendant près de trente-quatre ans, dans la prison où le retinrent ce monarque et son frère Henri.

« Maintenant je vais revenir aux événements dont je me suis un peu écarté.

« Au mois de janvier, Guillaume de Varenne, Bauldri de Quitri, fils de Nicolas, et Gislebert de Laigle, qui désirait venger la mort de Richer, son frère, s'efforcèrent, avec une puissante armée de Normands, de livrer assaut aux assiégés ; mais ils n'y gagnèrent que le fer qui *s'en-*

*fonça dans leurs blessures.* Alors Guillaume, comte d'Évreux, fut fait prisonnier, et Machiel de Guitot (1), fils de Godefroi le petit, fut blessé mortellement. Ses écuyers en pleurs et ses compagnons d'armes le portèrent à son logement où, ayant fait venir un prêtre, il confessa ses péchés, se munit du saint viatique et se prépara à attendre la mort.

« Les Normands, qui gardaient la fortification du val de Beugie, essuyèrent de grands échecs ; sans cesse affaiblis par le glaive des plus braves guerriers, ils redoutaient encore de plus affreux malheurs. Comme ils ne pouvaient l'emporter sur Hubert, ni par la valeur, ni par le bonheur, ils changèrent d'avis et de résolution, et essayèrent de le faire rentrer dans l'alliance du roi. Quoique, dans cette guerre, Hubert eût augmenté ses richesses et sa puissance, néanmoins, désirant obtenir la sécurité d'une paix agréable, il se rendit prudemment aux avis des conciliateurs. Sans aucun retard, des députés furent envoyés en Angleterre auprès du roi. Aussitôt que ce monarque apprit la mort de Hervé le Breton, qu'il avait mis à la tête de ses troupes (2), de Richer et d'autres guerriers intrépides, ainsi que les heureux succès de son adversaire, il sentit bien qu'Hubert se fortifierait chaque jour contre lui, et songea à prendre des précautions pour que l'excès de l'opiniâtreté n'entraînât pas la ruine de ses chevaliers. En conséquence, il pardonna sagement à Hubert ses anciennes fautes. Celui-ci, ayant obtenu un sauf-conduit, passa la mer pour se rendre auprès du roi, qui, l'ayant traité amicalement, lui rendit honorablement les domaines de ses pères. Les Normands et les Manceaux étaient au comble de

(1) Ou peut-être Vitot, près de Neubourg.

(2) Dans la collection des *Mémoires de l'histoire de France*, le traducteur ajoute ici une note pour rappeler que l'auteur a dit plus haut que c'était le duc de Bretagne Allain qui commandait les troupes.

Il n'y a pas de contradiction entre les deux assertions de l'historien. Guillaume commande d'abord le siège en personne, puis le duc de Bretagne, Allain le Roux, et enfin Hervé le Breton, qui y fut tué. Ce dernier succéda sans doute au duc Allain comme celui-ci avait succédé au roi. Rien de plus commun que ces mutations dans les entreprises malheureuses qui traînent en longueur. Quelques personnes pourraient induire de la note qu'il faudrait lire Allain le Breton au lieu de Hervé ; mais le passage ne peut convenir à Allain. Il est dit que Hervé fut tué et le duc Allain survécut de trente ans à la levée du siège de Sainte-Suzanne, n'étant mort qu'en 1119.

la joie, après avoir eu durant quatre ans à souffrir toutes les calamités de la guerre. Ensuite, tant que le roi Guillaume vécut, le chevalier dont nous venons de parler se maintint en bonne intelligence avec lui, indépendant, heureux, et en possession de ses seigneuries, qu'il transmit en mourant à ses fils Raoul et Hubert. »

J. V.

# CHAPITRE III

## Sainte-Suzanne et la guerre de Cent ans

### Ambroise de Loré

Le patriotique élan de la population, l'organisation savante de l'armée anglaise, la transformation provoquée dans l'art de la guerre par l'emploi de l'artillerie, tout contribue à donner le plus grand attrait à cette période de 1417 à 1450.

Pendant la dernière phase de la guerre de Cent ans, Sainte-Suzanne participa largement aux fastes de cette époque, la plus intéressante peut-être, la plus glorieuse à coup sûr de l'histoire du Maine.

Après le siège que nous venons de raconter, il y eut un long moment de calme, pendant lequel la ville dut s'ingénier à réparer et à augmenter ses moyens de défense.

Sainte-Suzanne avait alors une importance considérable. Ce qui le prouve, c'est que Charles VII étant à Angers, où il venait d'apprendre les revers de ses troupes aux sièges de Meaux et d'Avranches, dirigés par le connétable de Richemont et par le duc d'Alençon, fut en partie consolé par la nouvelle qu'il reçut de la prise de Sainte-Suzanne, place de conséquence qui incommodait fort le Maine et l'Anjou.

On peut encore juger de sa force par ce qui suit : Louis XI, à l'occasion du jugement rendu contre le duc d'Alençon, tous les biens de ce seigneur ayant été confisqués pour crime de lèse-majesté, ne voulut pas, pour des considérations particulières, que le jugement fût exécuté dans toute sa rigueur; il ne se réserva de ces biens que *les fortes places* de Domfront, Pouancé, *Sainte-Suzanne* et Séez.

Au xv^e siècle, la possession de la forteresse de Sainte-Suzanne fut vivement disputée par les Anglais, qui plusieurs fois réussirent à s'en rendre maîtres. Elle fut en toute circonstance vaillamment défendue par Ambroise de Loré, *le chevalier*, *le sire de Loré.*

Nous rencontrerons souvent dans le cours de ces pages cette figure si intéressante et si énergique de la résistance à l'envahissement de notre pays du Maine. Rappelons en passant que cet intrépide capitaine a battu les Anglais dans vingt rencontres, leur infligeant parfois des pertes cruelles ; par son origine, Ambroise de Loré appartient à la Mayenne ; il est né au Grand-Oisseau (près Mayenne) vers 1396.

Ambroise de Loré n'avait pas, comme de nos jours, une armée régulière et disciplinée à opposer à l'ennemi. Les engins de destruction n'étaient guère que l'arc et la lance. La poudre et le canon commençaient seulement à se faire entendre. C'est avec ces contingents, souvent improvisés, qu'il tenait constamment en échec un ennemi qu'il avait juré d'expulser. Dans ces rencontres, où l'on s'abordait souvent corps à corps, il y eut des luttes terribles et sanglantes, où les chroniqueurs du temps nous montrent huit et dix mille combattants en présence.

Le but de ce capitaine, comme on le voit, était noble et grand, c'était celui d'un vrai patriote ; il le poursuivit avec audace et énergie. Aussi avant de mourir eut-il le bonheur de voir son pays natal délivré du joug de l'étranger.

Et cependant, comme le nom de celui qui a peut-être le plus contribué dans le Maine à cette expulsion, est oublié et même ignoré aujourd'hui ! Pas une rue, pas une place, pas un marbre, rien ne rappelle le souvenir de ce célèbre capitaine français du XVe siècle (1).

(Extrait des VARIÉTÉS SILLÉENNES : *Quelques pages de l'histoire de notre contrée pendant la guerre de Cent ans.* — L. B.)

« En 1418, dit M. Robert Triger, dans son étude sur Douillet, les populations, sans distinction de castes, se groupent autour de deux vaillants soldats, le Bastard d'Alençon et Ambroise de Loré, « un gentil écuyer de « bonne volonté qui estait dans le chastel de Courceriers « et qui mettait peine à trouver et attaquer les Anglais. »

En quelques jours trois des principales forteresses, Fresnay, Beaumont et Sillé sont reprises à l'ennemi. Ambroise de Loré est fait chevalier et nommé capitaine de Fresnay. « Jeune, plein d'audace et d'activité, il devient l'âme du parti français, le héros de la résistance ». Bientôt il prend une vigoureuse offensive, battant successivement les Anglais en maints endroits.

Mais, en 1419, l'ennemi fait un nouvel effort sur Fresnay ; Loré appelle à son secours le seigneur de Beauveau, gouverneur du Maine et de l'Anjou, tout en gardant la défensive. Malheureusement les renforts n'arrivent pas à temps, et les Français, attaqués, sont obligés de se défendre un contre quatre ; après une résistance désespérée, ils sont battus et Ambroise de Loré est fait prisonnier.

En 1422, à l'automne, Ambroise de Loré qui avait reçu, après sa délivrance, le commandement de l'importante forteresse de Sainte-Suzanne, tente de reprendre Fresnay. Mais, malgré de vigoureux efforts, il échoue et se voit forcé de lever le siège. « Messire Jehan du Bellay et messire Ambroys sire de Loré, firent une assemblée pour cuider prendre Fresnay-le-Vicomte, et après qu'ils eurent couru devant, vindrent repaistre à Sillé-le-Guillaume, et de la s'en alla le di Ambroys à Sainte-Suzanne dont il estait capitaine..... » (*Chronique* de JEAN CHARTIER).

(1) Par délibération en date du 15 Février 1888, le Conseil municipal de Sainte-Suzanne a donné à l'une de ses places le nom de Hubert II, à une autre le nom d'Ambroise de Loré.

En 1424, Falstaff est nommé capitaine de Fresnay et d'Alençon ; il s'empare de tout le pays et établit son centre de domination à Fresnay.

Sainte-Suzanne, cependant résistait encore ; en 1425, Ambroise de Loré défendit courageusement la ville avec six cents hommes contre l'armée de Salisbury. Il y eut nombreux combats et grands efforts de part et d'autre. Mais la ville était si bien défendue non pas seulement par la valeur de sa garnison, mais aussi par sa situation presque inexpugnable et par les nombreuses vignes qui couvraient le coteau, que les ennemis ne faisaient aucun progrès.

Le général anglais, irrité d'une résistance à laquelle il ne s'attendait pas, fit venir neuf à dix pièces de canon, et ouvrit une brèche si grande que les assiégés, ayant perdu tout espoir, capitulèrent et sortirent avec *vie et bagues sauves, moyennant une somme de 2,000 écus d'or de rançon*. Ainsi cette ville, qui avait pu tenir tête pendant quatre ans aux efforts de l'armée tout entière de Guillaume ne résista pas au choc de quelques canons.

Les Anglais, maîtres de Sainte-Suzanne, s'y organisèrent fortement ; et peut-être nos lecteurs nous sauront-ils gré de leur raconter comment un ennemi qui a occupé pendant plusieurs années leur ville et leur pays comprenait l'organisation militaire.

Nous empruntons la plus grande partie de ce qui va suivre à l'ouvrage si intéressant de M. Robert Triger : *Une Forteresse du Maine pendant l'occupation anglaise.*

---

## ORGANISATION ET ROLE

# DE L'ARMÉE ANGLAISE

---

Aussitôt après la prise d'une forteresse, un capitaine et des lieutenants étaient nommés par le duc de Bedfort « régent le royaume de France ». Le capitaine était soumis à l'*endenture*. C'était, dit M. Robert Triger, une espèce de contrat renouvelable, réglant les obligations imposées au capitaine, ainsi que les principaux détails de service. Il devait s'engager à garder la place « bien et loyalement » et à la rendre au roi à l'expiration du traité.

Il avait seul la responsabilité de la défense et réglait les détails concernant l'effectif, la solde, l'armement, la police, etc..... Il ne devait pas s'occuper d'administration civile ni commettre aucune exaction sur les sujets du roi. On sait trop bien, hélas! comment était tenue cette obligation.

Les effectifs, dans chaque ville de garnison, étaient peu considérables, tant était grande la supériorité de la défense sur celle de l'attaque. Aussi avons-nous vu Sainte-Suzanne se défendre avec 600 (six cents) hommes contre toute une armée amenée devant ses murs par Salisbury, et ne se rendre que lorsque la brèche fut ouverte par le canon.

Le capitaine ne devait pas enrôler les habitants de la ville dans la crainte de trahison; ce qui prouve que les conquérants n'avaient qu'une médiocre confiance dans le dévouement des populations envahies. On verra du reste, dans le cours de ce récit, que leurs craintes étaient quelquefois fondées, et que Sainte-Suzanne leur échappa par la trahison d'un Anglais *marié à une française*.

Le paiement de la *solde* s'effectuait par quartier d'an ou trimestre; le chiffre en était assez élevé dans l'armée anglaise. En 1431, Falstaff touchait 4 sols sterling par jour. Chaque *lance* à cheval 12 deniers sterling, à *pied* 8 deniers; chaque archer 6 deniers. En outre tous percevaient les « regards accoutumés », ou contributions en nature, le capitaine ayant droit au tiers du butin. Cette solde, du reste, n'était pas toujours régulièrement payée et dépendait des viscissitudes de la fortune.

Les troupes de garnison ne devaient pas s'immobiliser derrière les murailles ; non seulement elles devaient défendre la place, mais encore se livrer à des *courses ou chevauchées*, c'est-à-dire sortir de la ville occupée pour aller inquiéter et molester les troupes ennemies.

Nous verrons, en effet, les Anglais qui occupaient alors Sainte-Suzanne venir tendre embûches aux Français de Saint-Célerin et de Sillé, et Ambroise de Loré, toujours par monts et vaux, leur infliger souvent de rudes défaites.

Ces courses, en somme, n'étaient que prétextes à piller et à dévaster les hameaux voisins.

Mais, outre ces expéditions isolées, *l'endenture* obligeait encore le capitaine de forteresse à prendre part à des opérations générales, combinées avec des corps de troupes plus importants. Il devait envoyer des détachements de marche à la plupart des armées qui combattaient non seulement en Normandie, mais encore dans les environs de Paris. Ces détachements variaient, bien entendu, selon l'importance de la garnison et selon les besoins de l'armée qui les réclamait.

Les Anglais, comme on en peut juger par ce qui précède, avaient une organisation militaire ne laissant rien à désirer pour l'époque. Les nôtres, mal payés, mal disciplinés, durent apprendre, souvent à leurs dépens, l'art de la guerre, dont ils ignoraient les premières notions.

Au point de vue de l'action militaire, une forteresse comme Sainte-Suzanne, occupée par les Anglais au xv^e^ siècle, doit donc être considérée comme un repaire ou plus exactement comme un *lieu de retrait*, dit M. Robert Triger, dans lequel les conquérants se sont retranchés le plus fortement qu'ils ont pu, et d'où ils s'élancent sans cesse pour dominer le pays par des courses audacieuses et des expéditions continuelles.

Les exactions en viennent à ce point que, dès le 20 février 1417, Jean D'Arundel et Roland Leyntale, conservateurs des trêves, sont obligés de mander à leurs capitaines de réprimer les excès commis par leurs garnisons et signalés dans une *complainte* à eux adressée par « princesse Yolande, roine de Cécile, les gens d'église, nobles, bourgeois et habitants de l'Anjou et du Maine ».

---

## SUITE DES GUERRES ANGLAISES

Les populations, envahies, pressurées, étaient tombées dans le plus grand découragement, quand, subitement, se répandit la nouvelle des premiers succès de Jeanne d'Arc. Les Français aussitôt reprirent courage, et ce fut contre les Anglais une guerre acharnée, non plus seulement de résistance, mais une guerre d'attaque et d'initiative avec la conviction d'arriver à l'expulsion de l'ennemi.

Les Anglais perdent chaque jour du terrain. En 1429, Ambroise de Loré fut appelé des environs de Paris par le duc d'Alençon pour prendre la direction générale des opérations sur les marches du Maine. Chaque année sera désormais signalée par une série de combats où l'activité prodigieuse du vaillant compagnon de Jeanne d'Arc ne laisse pas de répit à l'ennemi.

De 1429 à 1432, ce fut une suite non interrompue de victoires. Une grande partie des places laissées au pouvoir des Anglais fut reprise à l'ennemi..... « Le premier May 1432, les Angloiz de la garnison de la Fresnoy le Viconte vindrent courir et apporter le May devant le chastel de Saint-Célerin, duquel estoi capitaine messire Ambroys sire de Loré, mareschal du duc d'Alençon..... et furent iceulz Angloiz déconfitz..... et ce fait, s'en retourna le dit sire de Loré avec ses gens au dit lieu de Saint-Célerin. » — *Chronique de* JEAN CHARTIER.

Quelque temps après les Anglais, qui avaient réussi à prendre Sainte-Suzanne, tendirent une embûche à Sillé, embûche dans laquelle furent pris plusieurs Français, quand tout à coup survint Ambroise de Loré, qui détruisit les troupes ennemies, reprit leurs prisonniers et se retira après sa brillante victoire dans la ville de Sillé avec ses gens et leurs prises.

Mais, à partir de 1433, on voit une série de défaites qui laisse le pays aux mains des Anglais. Ambroise de Loré, appelé par Charles VII à d'importantes fonctions, ne devait plus revenir dans son pays qu'en 1448, pour reprendre une dernière fois Sainte-Suzanne aux Anglais. Il mourut prévost de Paris.

Les Anglais qui occupaient Sainte-Suzanne semblaient prendre à tâche de faire connaître par des actes de cruauté le système de domination qu'ils entendaient pratiquer. Cruels envers les *pauvres compagnons*, écrasant sans pitié les paysans, ils s'en firent d'irréconciliables ennemis. Et quand le seigneur de Beuil vint, en 1439, mettre le siège devant Sainte-Suzanne, il avait avec lui tout le pays révolté. Mieux encore, dans la place même il avait su se ménager des intelligences avec un Anglais nommé Jean Ferrement, marié à une Française, ce que n'avait pas prévu l'*endenture*.

« Pendant que le commandant de la place était sorti pour faire des escarmouches, ce soldat, qui devait être de garde la nuit suivante, convint de chanter un air dès qu'il serait en sentinelle, pour avertir les assiégeants de se tenir prêts avec leurs échelles au pied des murailles. Le signal réussit si bien, que nos soldats entrèrent dans la place, sans aucune résistance, et surprirent ceux de la garnison. Ils en tuèrent une grande partie et firent les autres prisonniers; quelques-uns se sauvèrent tout nus sans prendre le temps de se couvrir de leurs habits. Le roi donna incontinent le gouvernement du château au seigneur de

Beuil, quoiqu'il appartînt au duc d'Alençon, qui fut fort mécontent » (1).

Cependant les Anglais reprirent bientôt la place, sans qu'on puisse en connaître l'époque d'une manière précise. Lorsqu'ils rendirent la ville, le château de Mayenne et quelques autres places, en exécution du traité conclu avec Charles VII, le 15 mars 1447, ils refusèrent de remettre Sainte-Suzanne. Nos soldats furent donc contraints d'en faire le siège et d'y mener du canon. Des troupes accoururent au secours des assiégés; mais Ambroise de Loré les surprit entre les forts d'Ambrières ou Ambriers et de la Crousille (2) et les tailla en pièces. La garnison se rendit bientôt par composition, et les Anglais, chassés alors de toute la province du Maine, car Sainte-Suzanne était, avec Fresnay, une des dernières villes restées en leur pouvoir, furent obligés de se retirer en Normandie et en Angleterre (3).

Ce fut à ce moment, pour tout le pays, une véritable réorganisation générale. Des villages entiers, abandonnés par leurs habitants, se virent bientôt repeuplés; les terres laissées en friche furent de nouveau ensemencées; la force et le courage revinrent aux plus désespérés, et la vie, dans nos villes et dans nos campagnes, sembla reprendre un nouvel essor.

Cette guerre de Cent ans, malgré les maux qu'elle occasionna, eut cependant des résultats incontestables. Le danger et le malheur avaient groupé les provinces pour chasser l'ennemi envahisseur. On avait enfin compris et reconnu les réformes désormais nécessaires; les divisions du passé étaient oubliées; les diverses classes de la société s'étaient unies pour se défendre et avaient appris à se connaître. De là un rapprochement qui avait préparé, si nous pouvons nous exprimer ainsi, l'avènement de la société moderne.

(1) Le Corvais, p. 723.

(2) Ambrières ou Ambriers est un village situé à l'extrémité de la commune de Viviers, sur les confins de celle de Sainte-Suzanne; on y voit encore des restes de fortifications. La Crousille est située en Voutré, sur les bords de l'Erve. Il y avait anciennement, dans ce village, un prieuré dédié à saint Jean l'Évangéliste et dépendant de l'abbaye d'Évron.

(3) Le Corvais, page 726.

# CHAPITRE IV

—

## Sainte-Suzanne et la Ligue

Sainte-Suzanne demeura en paix jusqu'au temps de la Ligue, qui se forma en 1576. Cette ville eut beaucoup à souffrir des guerres civiles, parce qu'elle était du domaine particulier d'Henri IV et voisine de Mayenne, si souvent prise et reprise par les différents partis, en 1574, 1589, 1590 et 1592. Aussi les registres de baptême de la paroisse, qui fournissent bien des notions curieuses pour le lieu, sont interrompus depuis 1570 jusqu'en 1589. Les troubles du temps ont certainement occasionné cette omission fâcheuse. La ville fut assiégée par les Ligueurs en 1589, comme on le voit par un acte de baptême du 21 septembre de la même année (1), « faisant lequel baptistaire », dit le vicaire à la suite de l'acte, « jouaient les pièces d'artillerie de ceux qui assiégeaient la ville, M. de Bouillé, seigneur de Bourgneuf, soutenant leurs efforts, c'est-à-dire tenant contre leurs efforts, car c'était ce seigneur qui commandait la place. Le siège fut levé, le 26, comme le porte un acte de sépulture daté du 29, et à la fin duquel le même vicaire ajoute : « Et fut le troisième jour après que

(1) Ces registres ont été malheureusement pillés, pendant la Révolution. Nous devons ces particularités à des notes faites, avant cette époque, par M. Marquis-Ducastel, ancien curé de Sainte-Suzanne, et conservées par M. Brillet, vicaire de la même paroisse et depuis curé de Milesse.

le siège fut levé de devant la ville » (1). Le Mans et toutes les villes du Haut-Maine; chez nous, Laval, Mayenne, Château-Gontier et Craon, reconnurent le gouvernement de l'Union; leurs gouverneurs suivirent l'impulsion ou se retirèrent. Sainte-Suzanne seule demeura au roi. Ainsi, Sainte-Suzanne résista aux efforts des Ligueurs pour rester fidèle à Henri IV. Ce prince ayant pris Le Mans, le 25 novembre suivant, Sablé, Château-Gontier et Laval se soumirent aussitôt. Il entra dans cette dernière ville, le 7 décembre de la même année, y séjourna dix jours et de là se rendit à Mayenne pour s'assurer du château.

Mais, en 1592, le duc de Mercœur, gouverneur de Bretagne pour la Ligue, battit les troupes royales à Craon et prit ensuite Laval, dont il donna le commandement au colonel Commeronde, qui fut bientôt remplacé par Urbain de Laval-Montmorency de Bois-Dauphin. Ce seigneur prit Château-Gontier en 1593, et assiégea Sainte-Suzanne la même année. Les habitants, après avoir beaucoup souffert des canons, qui ruinèrent le grand bastion carré, se rendirent avec vie et bagues sauves.

Cette place fut enfin remise au roi avec Sablé et Château-Gontier par Bois-Dauphin lui-même, qui fit son traité de paix, en 1596, et reçut son bâton de maréchal pour récompense, en 1599. Laval avait fait sa soumission, dès 1594, entre les mains du maréchal d'Aumont. A partir de cette époque, rien n'indique qu'il y ait eu une garnison à Sainte-Suzanne; elle eût été inutile, puisqu'alors la paix était assurée au dedans et au dehors.

Pendant les guerres de la Révolution de 1789, cette ville se maintint pour le gouvernement de la République, au milieu d'un pays occupé par les troupes royalistes. Néanmoins, le 11 décembre 1793, à la suite de la défaite des Vendéens au Mans, le bruit ayant couru que les

(1) Dans un acte de bâptême tiré des registres de Sainte-Suzanne, en 1593, il est dit que : « Les parents de l'enfant étaient fugitifs du Châble, en la paroisse de Chammes, à cause de l'armée anglaise. » C'était sans doute un parti anglais, de ceux que la reine Elisabeth d'Angleterre avait envoyés au secours du roi, et qui, l'année précédente, avaient pris la ville de Mayenne sous le commandement du comte d'Essex.

(*Dictionnaire historique du Maine.*)

insurgés se répandaient dans les campagnes, une terreur panique s'empara des habitants : la plupart s'enfuirent au milieu de la nuit, à la lueur des lanternes. En 1815, les royalistes se présentèrent, le 10 juillet, devant la ville, qui refusa de les recevoir.

*DEUXIÈME PARTIE*

---

# ORGANISATION DE SAINTE-SUZANNE MODERNE

---

# CHAPITRE Ier

—

## Baronnie de Sainte-Suzanne

Sainte-Suzanne était une baronnie, membre du duché de Beaumont; elle a donné son nom à une famille qui possédait cette terre, dès le commencement des fiefs. Lucie de Sainte-Suzanne, héritière de cette maison, l'apporta en mariage à Raoul II, vicomte de Beaumont, à la fin du xe siècle ou au commencement du xie. Le vicomte de Sainte-Suzanne, sous le règne de Philippe-Auguste (1180), portait la bannière.

Cette seigneurie a été dans la maison de Beaumont jusqu'en 1253, qu'elle passa dans celle de Brienne par le mariage d'Agnès, vicomtesse de Beaumont, dame de La Flèche et de Sainte-Suzanne, avec Louis de Brienne, troisième fils de Jehan de Brienne, roi de Jérusalem. Les descendants de Louis prirent le titre de vicomtes de Beaumont et de seigneurs de la Flèche et de Sainte-Suzanne. Marie, héritière de la maison de Brienne, en 1364, par la mort de son frère, qui ne laissa point d'enfants, emporta ses biens dans celle de Chamaillard, par son mariage avec Guillaume de Chamaillard, dont naquit Marie de Chamaillard, fille unique, qui épousa, le 20 octobre 1371, Pierre II, comte d'Alençon. De ce mariage vint Charles, duc d'Alençon, vicomte de Beaumont, seigneur de La Flèche et de Sainte-Suzanne, et marié à Marguerite d'Orléans, sœur de François Ier. Ils donnèrent le jour à Françoise, leur fille unique; celle-ci épousa, le 18 mai 1513, Charles de Bourbon, comte, puis duc de Vendôme. Cette princesse obtint l'érection du vicomté de Beaumont, des terres, baronnies et seigneuries de La Flèche, de Château-Gontier et de Sainte-Suzanne en duché-pairie, sous le nom de Beaumont. Françoise laissa, de son mariage, Antoine de Bourbon, duc de Vendôme et de Beaumont, et, par ce dernier duché, baron de Sainte-Suzanne. Antoine se maria, le 20 octobre 1548, avec Jeanne d'Albret, reine de Navarre : ils eurent Henri IV, qui, étant devenu roi de France, réunit ses biens à la couronne. Sous son règne, le château commença à avoir des gouverneurs *pour le roi*, en 1592. Dès le mois de juin de l'année précédente, le sieur Boisteau qui, en 1589, portait le titre de procureur fiscal de la baronnie, prit celui de *procureur du roi*. Henri IV engagea la baronnie de Sainte-Suzanne et ses dépendances à Guillaume Fouquet de la Varenne (1), son favori, le 25 septembre 1604, pour 150,000 livres, somme supérieure à la valeur de la terre. Cette somme était évidemment simulée, les contractants voulaient rendre le retrait impossible ; mais le roi se réserva le droit de donner les provisions de charges de judicature.

Fouquet de la Varenne, devenu possesseur de la baronnie de Sainte-Suzanne, fit abattre l'ancien château, situé vers le nord-est de l'enceinte de la cour. On voyait quelques restes de cet édifice en 1772. Celui qui fut construit pour le remplacer est situé sur le rempart du midi. On présume que Fouquet avait l'intention de l'agrandir, puisqu'il existe des pierres d'attente au pignon de l'est.

Les descendants de ce seigneur ont possédé la terre de Sainte-Suzanne pendant plus d'un siècle. Catherine de la Varenne la porta en dot à Hubert de Champagne ; leur petite-fille, Anne-Marie de Champagne, épousa, en 1723,

(1) Notes mises en marge de l'acte de baptême du 7 octobre 1606, f° 32, recto. — C'est le premier acte qui fasse mention de M. de la Varenne, seigneur engagiste de Sainte-Suzanne depuis le 25 septembre 1604. C'était un favori de Henri IV ; son nom était Guillaume Fouquet. Il avait été d'abord cuisinier de Catherine, sœur d'Henri IV, qui le donna à son frère.

Plus loin, sur le même registre, f° 108 recto, à la date du 24 janvier 1610, à la marge de l'acte de baptême de demoiselle Jeanne de la Vallée-Luette, fille du gouverneur de Sainte-Suzanne, acte dans lequel il est fait mention, comme témoin de Guillaume de la Varenne, avec tous ses titres et décorations. Catherine, sœur d'Henri IV, dont ce la Varenne avait été le cuisinier, lui dit en le voyant ainsi décoré : « Il paraît, la Varenne, que tu as plus gagné à porter les *poulets* de mon frère qu'à piquer les miens. » — (*Archives*).

César-Gabriel de Choiseul, depuis duc de Praslin. La seigneurie appartenait encore à cette famille en 1790. Le château fut vendu, à cette époque, comme propriété nationale; après la Révolution, M. de Praslin racheta sa terre 20,000 francs. En 1820, le prince de Beauvau, qui avait épousé une des filles du duc, aliéna le château à M. le baron de Damas, pour 10,000 francs, somme inférieure à sa valeur.

Les apanages de cette baronnie étaient assez importants, comme on en peut juger par ce qui suit.

---

# DOMAINE ROYAL

## APANAGES

---

# BARONNIE DE SAINTE-SUZANNE

### DÉPENDANT DU DUCHÉ DE BEAUMONT

*A*. *N°* 3. — 2 *pièces parchemin; 3 pièces papier* dont une imprimée en partie (1575-1789). *Plus* 1 *pièce papier imprimée du* 14 *décembre* 1771.

Acte de vente par devant Michel Le Roy et Jacques Le Long, notaires à Sainte-Suzanne, en la cour de Monsieur, frère du Roi, par lequel les Commissaires nommés par le roi pour l'aliénation du domaine royal cèdent à Madame Lancelotte ou Lancerotte de Saint-Mesme, épouse de noble Guy Lallier, sieur de la Chesnaye, *le nombre* de 80 arpents de landes « et pays vague, et quelques bouraiges ès landes de consens de Langeay..... arpentez par René Garnier à cent cordes par arpent ayant chacune corde vingt pieds..... après que bannies et proclamations et aultres sollemnitez sur ce requise et accoutumées ont esté gardées et conseruées.... à tenyr jouyr usez par droict d'héritage..... pour le pris et somme de douze vingt liures tournois, qui est à raison de soixante sols tournois chascun arpent »; la somme doit être payée en deux termes, entre les mains de M^e^ Jehan Richard, receveur de la Baronnie de Sainte-Suzanne, moitié comptant et moitié à six mois, à charge de tenir ces choses censivement, en nuesse (nûment) de la Baronnie de Sainte-Suzanne, plus de payer à l'avenir à la Baronnie quatre livres de devoir annuel, à la fête de Notre-Dame Angevine et de se soumettre aux charges *introduites* à *nuesse* en la coutume du Maine : témoins : Sohier, demeurant à Deux-Évailles, *pleïge et caution in solidum;* passé à Sainte-Suzanne, le 14 janvier 1575. — A la suite de cette pièce sont transcrits les cinq actes dont voici l'analyse : 1° Henri, par la grâce de Dieu, Roi de Navarre, seigneur souverain de Béarn et de Donnezan, duc de Vendômois, de Beaumont et d'Albret, comte de Foix, etc., *pair de France*, rappelant plusieurs arrêts prononcés par la Chambre des Eaux et Forêts contre des prétendants aux droits d'usage dans les forêts et « terres vagues » de Sonnoys, Sainte-Suzanne et autres lieux dépendant du duché de Beaumont, arrêts dont l'exécution a été confiée à M. de Livry, Maître Jacques Sanguin, Conseiller du Roi et Lieutenant général au siège des Eaux et Forêts, donne commission au sieur Sanguin de veiller à l'exécution de ces arrêts et de faire inféoder, bailler à cens et rente perpétuelle toutes les terres adjugées au Roi par ces arrêts et celles qui seront « hermes incultes et vaccans », avec plein pouvoir de vendre en gros et par le menu, au plus offrant, avec le concours du Maître des Eaux et Forêts et du Bailly royal tous les bois royaux de Charnye, Montagu et Langey, à prix raisonnable, à charge par les acheteurs d'enlever les bois dans le temps fixé; le commissaire est également chargé de délivrer les bois, recevoir les deniers et d'informer sur les abus commis dans les bois royaux, de changer les officiers ignorants ou incapables, de faire rentrer les titres des mains des veuves, héritiers, procureurs généraux ou particuliers, de faire la recherche des droits seigneuriaux, profits de fief, lods et ventes, amendes, poursuivre les débiteurs, réparer les châtellenies, maisons et places, moulins, ponts, ports et chaussées, veiller à la police, en nommer ou changer les officiers. Paris, le 12 juin 1575; « signé Henry », contre-signé Le Fuzelier et scellé de cyre rouge; — 2° Henry, roi de France et de Pologne, autorise les ventes des bois de Charnie, Montagu et Langeay, indiqués dans l'acte précédent, Lyon, 7 décembre 1574 (premier du règne de Henri III); — 3° Le même autorise la vente de 300 arpents de bois de haute futaye dans la forêt de Gastines, appartenant au Roi de Navarre, dans la Baronnie de Sainte-Suzanne, pour payer les dettes du vendeur et déclare qu'il permet que la propriété du *tresfonds et soullarge* soit comprise dans la vente; Paris 27 décembre 1575 (deuxième année du règne de Henri III), — 4° Henri, roi de Navarre, confirme l'acte précédent et déclare la propriété du tresfonds unie pour la vente à celle du bois de haute futaie; Paris, 17 janvier 1575; — 5° Henri, roi de France et de Pologne, confirme la vente déjà faite des bois de la forêt de Sainte-Suzanne jusqu'à la somme de 75.049 livres 5 deniers tournois, qui seront distribués aux créanciers du vendeur; 10.000 livres tournois seront prélevées sur les premiers deniers pour être remis au même vendeur, avant tout autre paiement; Paris, le 16 janvier 1576. — Avertissement de représenter dans la quinzaine, pour être ensaisinés contrôlés et enregistrés par le sieur Serveau, préposé à cet effet, les titres des biens relevant de Monsieur, par son Château de Sainte-Suzanne, consistant en 80 arpents de landes, exploités du lieu de l'Hermitage en la butte des Genetais, côtoyant le chemin d'Évron à Jublains et *rendant* au gué de la Claye, en vertu des Édits de décembre 1701 et 1727 et d'avril 1771, des Déclarations du Roi, du 23 janvier 1705, de l'Arrêt du Conseil, 22 décembre 1705, des Lettres patentes de 1771, constitutives de l'apanage de Monsieur; sans date (1785). — Quittance délivrée par Serveau, receveur des domaines de l'apanage de Monsieur, de la somme de 9 livres, payée par M. de Brossard, chevalier, capitaine de cavalerie à Mayenne, pour les droits d'ensaisinement et de contrôle par lui dus comme héritier de la Dame Poisson des Ormeaux, sa mère, à cause de 80 arpents de landes à prendre au *consens et landes* de Langé, joignant à l'Orient le chemin du Gué et de la Claye à Mézanger, à l'Occident, la prée du Consens et les landes de Langé, au Midi, les menues landes, un chemin entre deux, et, au Nord, les prairies du lieu de l'Hermitage, appartenant au sieur de Brossard, et faisant partie de la composition de la terre de Jublains; reçu en outre 9 livres pour frais sous la réserve de tous autres droits seigneuriaux et féodaux ; Evron, 2 Juin 1785. — Projet d'accord à faire en la Cour du Roi et de Monsieur, frère du Roi, Comte du Maine, pardevant Michel Leroy et Jacques Lelong, notaires, demeurant en la ville de Sainte-Suzanne, entre noble homme Mre Michel des Essarts, Docteur en droit, Conseiller et Maître des requêtes de Monsieur et des Rois et Reines de Navarre, Contrôleur général en la maison de Madame la princesse de Navarre, suivant les Lettres de commission données à Paris le 12 Juin dernier et les autres Lettres patentes du Roi, données à Lyon, le 7 décembre 1574, portant autorisation des ventes par les Commissaires, d'une part, et Bertran Sohier, procureur de Dame Lancelotte de Sainte-Mesme, femme autorisée de Messire Guy Lallier, son mari, chevalier des Ordres du Roi, sieur de la Chesnaye, demeurant à Deux-Évailles, d'une part (pièce informe, sans date relative à une vente de biens dépendant de l'apanage de Monsieur) ; voyez la première pièce de cette liasse, dont ce fragment n'est qu'une copie, comprenant la première page. — Lettres de Louis-Stanislas Xavier, fils de France, frère du Roi, Monsieur, duc d'Anjou et d'Alençon, comte du Maine, du Perche et de Senonches (depuis Louis XVIII), donnant commission au sieur Serveau feudiste, demeurant à Evron, de faire savoir à tous les tenanciers de la baronnie de Sainte-Suzanne qu'ils doivent faire dans le temps fixé par lui, la reconnaissance des devoirs seigneuriaux et des redevances censives par eux dûs à la Baronnie de Sainte-Suzanne et à la Châtellenie de Thorigné ; ces devoirs établis par la coutume du Maine, reposent sur terres, moulins, étangs, bâtiments, buissons, terres cultivées et incultes, prés, pâtures, landes, bruyères, communes, situés et enclavés dans différentes paroisses ; leur perception a été très négligée et depuis longtemps il n'en a été rendu aucune reconnaissance ; plusieurs parties ont été usurpées ; le commandement doit être fait à cri public, par affiches apposées sur les portes des églises et auditoires, dans les places et carrefours ; les déclarations de devoirs et les exhibitions de contrats doivent être faites en la ville de Sainte-Suzanne. Signé : « Louis Stanislas

7

Xavier, — par Monsieur Taillepied de la Garenne » ; — on lit au dos : Enregistré es Registres de l'audience par nous Ecuyer, conseiller, audiencier et garde des rôles de la Chancellerie de Monsieur, frère du Roi le tenant à Paris le 8 mai 1789. — Bouduin du (Boulay) ; — pièce parchemin, du 4 février 1789, avec sceau pendant sur double cordonnet de soie rouge et verte, en cire rouge représentant : au droit, le prince à cheval, casqué, tenant une épée de la main droite, bouclier à gauche, cotte d'armes à la romaine, cheval couvert d'une housse ; à l'avers, la grande croix de Malthe, sommée de la couronne ducale à la branche supérieure, entourée de tous les cordons des ordres royaux. — Qui ordonne que tous les pourvus ou propriétaires d'offices royaux et de finances, dans l'étendue de son Apanage, seront tenus d'envoyer, dans trois mois pour tout délai, la déclaration du prix de leurs Offices au Surintendant de ses finances. Du 14 décembre 1771.

---

# GOUVERNEURS DE SAINTE-SUZANNE

---

Le château n'avait pas cessé d'avoir des gouverneurs en 1597, lorsque la ville resta sans garnison, comme on en peut juger par le tableau suivant :

En 1589, Claude de Bouillé, seigneur de Bourgneuf, chevalier de l'ordre du Roi, commandait la garnison de Sainte-Suzanne comme lieutenant de M. de Longueville et était capitaine de cinquante hommes d'armes. Ce ne fut qu'en 1591-1592 qu'il eut le titre de gouverneur pour le Roi (Henri IV) de la ville et du château de Sainte-Suzanne.

En 1592, Isaac de Gervincourt, écuyer, succéda à Claude de Bouillé comme gouverneur.

En 1605, Maître Michel de la Vallée-Luette, seigneur de Blandouet, chevalier de l'ordre du Roi, commissaire de l'artillerie de France, gentilhomme ordinaire de la chambre du Roi, et gouverneur pour Sa Majesté des ville et château de Sainte-Suzanne jusqu'en 1622 ou environ.

En 1631, Jean Maridor, seigneur du Bourg-le-Roi (près Fresnay), chevalier de l'ordre du Roi, fut nommé gouverneur des ville et château de Sainte-Suzanne.

Il ne paraît pas qu'il y ait beaucoup résidé.

A partir de cette époque, Sainte-Suzanne n'eut plus de gouverneur, et bientôt elle subit le sort de bien d'autres villes, qui virent leurs murs et leurs forteresses tomber en ruines, sous le règne de Louis XIII, où les fortifications de l'intérieur du royaume furent abandonnées.

## CHAPITRE II

—

# ORGANISATION DE LA BARONNIE

---

### Baillage. — Siège prévotal

On ne saurait assigner l'époque précise où Sainte-Suzanne commença à avoir un baillage. Cette juridiction, qui était certainement très ancienne, et quelques-uns la font remonter à la fin de la seconde race de nos rois, relevait d'abord de la sénéchaussée du Mans, établie en 987 : elle fut mise sous le ressort immédiat de La Flèche en 1543, par l'érection de la seigneurie de Beaumont en duché-pairie. Les lettres patentes de François Ier portent qu'il y aura deux sièges principaux de justice, l'un à Beaumont et l'autre à La Flèche, d'où devaient ressortir Château-Gontier et Sainte-Suzanne (1).

Les registres nous ont conservé les noms de quelques-uns de ceux qui ont occupé les emplois du Baillage depuis 1340 jusqu'à 1591, époque à laquelle il fut érigé en baillage royal. Ce sont :

En 1540. MM. Martin Guesdon, Procureur fiscal; Guy Ferrand, Greffier.
1546. Edmond Clément, Bailly;
1548. Thomas Chesnay, lieutenant;

(1) Mémoires manuscrits de Miroménil, intendant à Tours, 1697.

En 1589. MM. André Boisteau, s$^{r}$ de la Blanchardière, Procureur fiscal.
1591. Le même, Procureur du roi.
1593. Jean de la Vigne, Bailly, passant presque de suite au baillage royal.
1594. Jacques Ducoudrai, Procureur jusqu'en 1595.

Henri IV étant monté sur le trône, les juridictions, établies dans ses domaines qu'il réunit à la couronne, furent érigées en sièges royaux. Sainte-Suzanne devint donc *bailliage royal*, pour ressortir avec ceux de Beaumont, Mamers et Fresnay, du siège de la Flèche, créé, dans le même temps, sénéchaussée et présidial.

Ce baillage devait être, par édit de création, composé d'un président-bailly, d'un lieutenant général civil et assesseur criminel, d'un lieutenant particulier, de deux conseillers, d'un avocat, d'un procureur du roi, d'un greffier, d'un huissier audiencier, d'un receveur des consignations et d'un commissaire aux saisies réelles.

Voici les noms des principaux officiers du baillage relevés sur les registres :

## PRÉSIDENTS BAILLIS

1593. Jean de la Vigne, premier bailly.
1609. René Derouet.
1617. Jacques Courtier, écuyer, sieur de Boiselière.
1637. Urbain Le Pelletier, écuyer, sieur de la Richeray, avocat au siège depuis 1633.
1672. Gabriel Yver, écuyer, sieur des Rivières.
1720. Joseph-François Yver, écuyer, sieur de Touchemoreau; il avait été adjoint à son père.
1737. Jean-François Pelissón de Gennes.
1784. Mathurin-Julien Dalibourg, d'abord avocat au Parlement de Paris.

### LIEUTENANTS DU BAILLAGE

1599. Guingallois du Gouty, sieur du Parc; devint sénéchal d'Ambrières.
1603. Julien Moraine, sieur du Mény.
1641. Urbain Sorin, sieur des Hardouinières.
1679. Antoine Sorin, sieur Du Bignon, ancien avocat au siège.

### AVOCATS DU ROI

1698. Jean Brial, sieur des Plantes.
1643. René Courte, sieur de la Frenaye.
1695. Paul Vrigni l'aîné, Michel Bassoin, Pierre Dioré, Pierre Pélisson, Joseph Delépine.
1707. Urbain Ribailler. Cette charge fut longtemps vacante.
1776. René Provost, Debrée.
1784. Provost du Bourrion.

### PROCUREURS DU ROI

1595. Guillaume Barbe.
1598. Antoine de Lavigne, sieur de la Mare.
1607. Paul Bourde, sieur de la Touche.
1651. Claude-Daniel Bruneau.
1678. René Lelong.
1688. François Fouqué.
1704. Paul Vrigni.
1706. Michel Bassoin, sieur des Serardières (1).
1743. Pierre Pélisson du Vernay.
1761. Nicolas Bourg de la Fauvelais.
1775. Jacques-Charles Pavet.

### HUISSIERS DU BAILLAGE

Michel Lélu dit Roberdière et François Délélais.

(1) C'était un homme bizarre et singulier ; il fit sonner son trépassement un an avant sa mort, « afin, disait-il, de donner une courte joie à ses héritiers. »

MM. les officiers du baillage n'étaient pas toujours d'accord sur leurs prérogatives et droits respectifs, dont ils étaient singulièrement jaloux, car on voit à chaque instant des différends survenir entre eux.

Ainsi, en 1763, on relève des enquêtes et procédures relatives à des contestations civiles entre le procureur du roi du baillage et les avocats au même siège, au sujet de la prétention, élevée par ledit procureur du roi, de postuler et plaider concurremment avec les avocats.

Plus tard, en 1785, MM. du Baillage, M. Dalibourg, président, et M. Pavet, procureur du roi, eurent contestation avec MM. les avocats du siège de Sainte-Suzanne, au sujet du banc de justice, situé en l'église, et de la distribution du pain béni. Les avocats prétendaient y avoir droit comme les officiers, qui prétendaient le contraire.

MM. les avocats, par l'organe de M. Olivier Provost, disant procéder au nom collectif des avocats du baillage, demandèrent assigner les curé, procureur de fabrique et sacristain de l'église et les officiers du baillage royal pour :

1° Se voir condamner à rendre aux avocats la possession du banc de justice et à leur faire porter le pain béni immédiatement après le clergé, par distinction avant le peuple ;

2° Se voir condamner à tels dommages-intérêts qu'il plairait à la Cour, avec arrêt à publier au prône de la paroisse et inscrire au registre de la fabrique, le tout avec dépens.

L'affaire fut portée au Parlement, qui jugea en faveur de MM. les officiers, condamnant Olivier Provost aux dépens en son nom envers toutes les parties. (Arrêt du Parlement du 17 décembre, an de grâce 1785.)

Le ressort du baillage s'étendait à vingt paroisses :

Aunné.
Bannes-en-Charnie.
Cossé-en-Champagne.
Saint-Christophe-du-Luat (Mixte) (1).
Étival.

(1) Mixte, c'est-à-dire que la paroisse était partagée entre deux ou plusieurs juridictions.

Saint-Georges-sur-Erve (Mixte).
Bernay.
Chemiré.
Saint-Pierre-sur-Erve.
Ruillé-en-Champagne.
Sainte-Suzanne.
Saint-Symphorien.
Saint-Jean-sur-Erve.
Livet.
Mézangers.
Neuvillette (Mixte).
Thorigné.
Torcé-en-Charnie.
Viviers.
Voutré (Mixte).

Dans cette circonscription on distinguait deux juridictions seigneuriales en exercice qui ressortissaient à Sainte-Suzanne : c'étaient celles de Neuvillette et de Sourches-en-Saint-Symphorien. Les audiences de la première se tenaient à Sainte-Suzanne et celle de la seconde à Bernay.

L'audience du baillage royal était située à l'extrémité des Halles (2), dont elle était séparée par un mur.

En compulsant les nombreux dossiers des affaires présentées devant le tribunal, on s'aperçoit qu'être juge à Sainte-Suzanne n'était pas une sinécure. On peut aussi remarquer que plus on approche de 1789, plus le nombre des affaires augmente; on ne se sent plus ni protégé ni défendu, et chacun se garde comme il peut. C'est ainsi qu'on voit un nommé Jean Broult faire au tribunal la déclaration de son intention de porter sur lui dans ses voyages, pour sa sûreté personnelle, deux pistolets à deux coups (1785).

Le caractère même des délits a changé, et signe des temps, on ne respecte plus ce que jusqu'à présent on avait plus craint que respecté.

Ainsi, en 1772, on relève les procédures relatives à la découverte des individus qui avaient tiré des coups de fusil sur un poteau aux armes du comte et de la comtesse de la Roche-Lambert, et qui avaient détruit les armoiries et volé le poisson des réservoirs.

(1) Thorigné était une châtellenie qu'Henri IV démembra de la baronnie de Sainte-Suzanne et donna par engagement. (Le Paige.)

(2) Ces halles, aujourd'hui démolies, ont été remplacées par un édifice élevé en 1884, et servant de mairie et de justice de paix.

En 1788, plainte des curés de Thorigné, Saint-Pierre, Saulges, etc., contre des individus qui entraient dans les églises pendant les offices, s'emparaient des places réservées aux chantres, se tenaient dans les passages et troublaient ainsi l'office divin. (Ordonnances du bailli de Sainte-Suzanne pour prévenir le retour de ces abus.)

Cependant les condamnations ne faisaient pas défaut; elles étaient même tellement rigoureuses, qu'on voit à chaque page, dans les archives, des jugements du baillage de Sainte-Suzanne *cassés* par arrêts du Parlement, ou des réductions de peines accordées aux condamnés. Malgré cela, on pendait et on brûlait sur la place de Sainte-Suzanne :

En 1730, une fille de mauvaise vie de la paroisse de Chammes, accusée d'avoir fait mourir son enfant, et n'ayant pas déclaré la grossesse, comme il était ordonné par l'édit de Henri II (édit qui devait être publié tous les trois mois), fut pendue sur le champ de foire de Sainte-Suzanne.

En 1774 (le 25 mai, jour de la foire), fut brûlé vif sur le champ de foire le nommé Racine, de la paroisse de Conneré, accusé d'avoir empoisonné sa femme. Il fut assisté à la mort par M. Ducastel, curé, et M. Cornuau, vicaire. Sa femme, qui n'était point morte à la suite de ce crime, croyant qu'il en serait quitte pour la prison, était partie ce jour-là pour venir le chercher à cheval, lorsqu'on lui apprit en route « ce malheur ».

---

## SIÈGE PRÉVOTAL

Au commencement de 1624, il existait à Sainte-Suzanne, d'après les registres, un siège prévôtal de maréchaussée. Ce tribunal ne subsista pas longtemps; il avait été établi pour juger non seulement les crimes et délits de guerre, mais encore les vagabonds qui « *opprimaient le peuple* ».

On voit l'origine de ces tribunaux en France, dès la première race de nos rois.

Voici, à partir de 1832, quelques-uns des juges de ce tribunal :

PRÉVOT DE LA MARÉCHAUSSÉE

1632. Jacques Négleau, écuyer, sieur de la Rimbergère.

ASSESSEURS

1642. Jacques Berthelot.
1645. Julien Pelisson, sieur de Vernay.

---

## HOTEL DE VILLE

Dans les derniers temps, Sainte-Suzanne eut un hôtel de ville composé de deux échevins, de deux conseillers, de cinq notables, d'un procureur du roi et d'un greffier.

Le bailly convoquait le peuple pour la nomination des notables qui devaient élire les échevins, conseillers, syndic-receveur et secrétaire-greffier de la ville, comme il ressort des procès-verbaux d'élection de ces diverses affaires en 1765. — *(Archives.)*

Voici quelle était en 1771 la composition de l'hôtel de ville :

### Échevins

Jacques Aveneau, avocat au baillage.
N. . . . . . . . .

CONSEILLERS

René Coutelle de la Houssaye, président du grenier à sel.

Coignard, remplacé par M. Ducastel, curé de Sainte-Suzanne.

René Provost-Debrée.

NOTABLES

Charles Coutelle de la Tremblaye, docteur-médecin.
De la Durairie, remplacé par
Me Pautonnier, chirurgien.
De la Mustière.
Pierre-Simon Coutelle, marchand.
Bion, fermier à la Pilonnière.

### Procureur du Roi

Nicolas-François Boury de la Fauvelais.

GREFFIER

Julien Duchène.

---

## GRENIER A SEL

En 1725, un grenier à sel fut formé à Sainte-Suzanne. Le tribunal, établi pour juger les différends qui survenaient et les malversations par rapport à l'impôt du sel, était composé d'un président, d'un grénetier, d'un contrôleur, d'un procureur du roi, qualifiés du titre de conseillers du roi, d'un greffier et d'un huissier.

### Officiers du Grenier à sel

PRÉSIDENTS

1732. René Pélisson, sieur du Deffay, notaire royal, greffier du baillage.
1737. Charles Coutelle de la Tremblaye.
1740. René Coutelle de la Houssaye.

GRÉNETIERS

1725. Martin Lelong, notaire royal.
1741. Pierre Pélisson de Vernay, procureur du roi.
1761. Nicolas Boury de la Fauvelais, procureur du roi.

CONTROLEURS

1731. François Aveneau de la Durairie, avocat à Sainte-Suzanne, bailly d'Évron.
1741. Jacques Aveneau, avocat.
1781. Jacques-François Aveneau, notaire.

PROCUREURS DU ROI

1741. Urbain-Denis Despagnole, d'Evron.
1763. René Provost-Debrée.

GREFFIERS

1735. Gervais Lelong de la Brandière, notaire royal.
177.. Olivier Provost, avocat et notaire.
1781. François-Pierre Guédon, contrôleur des actes.

RECEVEURS

1725. Joseph-Louis Le Breton de Villeneuve.
1733. François Foucher, passé en 1755 à la recette de Lassay. (Il avait été forcé de subir ce changement parce que, d'accord avec les religieux d'Evron, il avait essayé de faire passer le siège de Sainte-Suzanne à Evron).
1762. Charles de Courty. Un déficit de 20,000 francs dans sa caisse lui fit perdre sa place.
1783. Augustin de Lespinasse, d'abord aux gabelles.

Le grénetier et le contrôleur faisaient auprès du siège les fonctions de conseiller du président et étaient obligés de faire acte de présence, lorsqu'on plaçait le sel dans le grenier et que les agents du fermier de l'impôt le distribuaient au public.

La paroisse de Sainte-Suzanne était imposée à 73 *minots* (1) de sel, un peu plus ou un peu moins chaque

(1) 1 litre 65 par habitant.

année, eu égard au nombre des habitants. Chaque famille était tenue à une quantité de sel correspondant au nombre de ses membres, et elle devait le prendre et le payer au prix fixé par le fisc. Les répartiteurs devenaient responsables du recouvrement intégral de l'impôt ainsi établi, lequel devenait extrêmement vexatoire et onéreux. — (Abbé PICHON.)

Le fermier général, en effet, mettait les deux conseillers dans ses intérêts, en leur attribuant comme à ses propres agents, une gratification proportionnelle au bénéfice résultant de l'excédent trouvé, à la fin de l'exercice, dans le grenier à sel. Il en résultait que les intérêts des habitants étaient lésés par la parcimonie avec laquelle on leur distribuait ce qu'ils achetaient réellement.

De plus, le sel fourni par l'adjudicataire des Grandes Gabelles de France, au grenier de Sainte-Suzanne, donna souvent lieu à de sérieuses plaintes, motivées par la mauvaise qualité de la fourniture.

Le public en souffrait à ce point, qu'en 1774 MM. les officiers du grenier à sel se virent forcés de faire une plainte collective contre l'adjudicataire « au sujet de la mauvaise qualité du sel fourni par lui ».

Les paroisses qui formaient l'arrondissement de ce grenier étaient au nombre de vingt-six :

Assé-le-Bérenger.
Ballée.
Blandouet.
Izé.
Saint-Jean-sur-Erve.
Livet.
Brée.
La Chapelle-Rainsoin.
Chammes.
Châtres.
Cheméré-le-Roi.
Saint-Christophe-du-Luat.
Cossé-en-Champagne.
Evron.
Sainte-Gemmes-le-Robert.
Saint-Georges-sur-Erve.
Saint-Léger.
Mézangers.
Neau.
Neuvillette.
Saint-Pierre-sur-Erve.
Saulges.
Sainte-Suzanne.
Torcé-en-Charnie.
Viviers.
Voutré.

De nos jours, nous nous plaignons, et avec raison, de la funeste tendance des Français à vouloir entrer dans une administration quelconque, pour y occuper une place, quelque petite qu'elle soit ; cette tendance est bien invétérée, et elle était encore favorisée sous l'ancien régime par l'État, qui, pour se créer des ressources dans ses besoins, inventait chaque jour quelque nouvelle fonction et trouvait toujours un acquéreur heureux d'acheter le droit de l'occuper. — (Abbé Pichon.)

Ces emplois si multipliés du baillage et du grenier à sel de Sainte-Suzanne n'étaient pas tous remplis. Nous n'y voyons d'ordinaire que le président-bailli, le lieutenant général, un avocat, un procureur du roi, un greffier et un premier huissier. Les fonctions de commissaire aux saisies réelles n'ont été occupées que pendant fort peu de temps dans le XIIe siècle.

Bien que ces nombreuses charges ou fonctions publiques pussent être cumulées et que plusieurs d'entre elles le fussent en effet, elles eurent pour résultat de former et de maintenir à Sainte-Suzanne de nombreuses familles bourgeoises.

Ces familles s'alliaient fréquemment entre elles, et, sur les registres, on compte ordinairement par mariage six, huit, et quelquefois douze et quatorze enfants. Pour distinguer les membres d'une même famille, on prit l'habitude d'ajouter à son nom celui d'une terre. On sait que, sans être noble, une personne pouvait posséder une propriété nobilière donnant droit à un titre. La bourgeoisie était très désireuse de cette distinction, qui la rapprochait de la noblesse, et ceux mêmes qui ne possédaient point de propriété noble, prenaient volontiers le nom d'une de leurs terres.

C'est ce qu'on a pu voir souvent dans les listes des officiers et magistrats que nous avons données ci-dessus.

## CHAPITRE III

# ADMINISTRATION ECCLÉSIASTIQUE

### Église

La paroisse dépendait autrefois du doyenné d'Évron soumis à l'archidiaconé de Laval. L'église fut reconstruite, vers la fin du xve siècle, parce qu'elle tombait en ruines par suite des guerres des Anglais. En 1495, le cardinal de Luxembourg, évêque du Mans, accorda cent quarante jours d'indulgences à ceux qui coopéreraient à sa réédification. Le cardinal d'Amboise, légat du Saint-Siège, renouvela la même faveur, le six des ides de juin 1504.

Il ne paraît pas que ces indulgences aient excité la pieuse générosité des habitants : la fabrique vendit, depuis 1534 jusqu'en 1537, dix-sept pièces de terre pour terminer la reconstruction. L'église fut enfin consacrée le 31 mai 1553, par Jean des Ursins, évêque de Tréguier, parce que l'évêque du Mans, Jean du Bellay, était alors retiré à Rome, où il mourut doyen du sacré collège, en 1556. Le clocher actuel date du commencement du siècle suivant : le marché fut conclu en 1606.

L'église resta à l'intérieur dans le plus triste dénuement, pendant plus de deux cents ans : il y avait à peine des livres pour le chant de l'office divin. Mais M. Marquis-Ducastel, ayant été nommé curé, en 1791, s'occupa sur-le-champ de pourvoir à la décoration de cet édifice.

Pendant la tourmente révolutionnaire, l'édifice servit de club et de caserne : lorsqu'en 1800 elle fut rendue au culte, les habitants se montrèrent généreux pour subvenir aux premiers besoins. Un jubé fut construit, en 1806, et le cœur boisé, en 1815 (1).

L'église paroissiale de Sainte-Suzanne avait pour succursale, du temps des guerres, la chapelle de la Madeleine, située dans le cimetière. La tradition porte qu'elle fut bâtie dans l'intérêt des habitants du *faubourg de la Rivière* (2) et de ceux de la campagne, qui ne pouvaient alors communiquer facilement avec le curé pour le service divin et l'administration des sacrements. La chapelle de la Madeleine était assez grande pour cette destination, comme on en peut juger par les restes de ses anciens murs, qui sont bien apparents. Ce qui prouve d'ailleurs son importance, c'est que le cardinal de Luxembourg, légat du Saint-Siège, en donnant, en 1495, un indult d'indulgences pour les réparations de l'église paroissiale, accorda le même privilège à ceux qui concourreraient à la restauration de celle de la Madeleine (3). En 1615, une

(1) L'église a été reconstruite presqu'en totalité en 1883-1884.

(2) Le faubourg de la Rivière, situé dans le vallon, renferme une population presque égale à celle de la ville. Il possède une tannerie, une blanchisserie de toiles, six moulins à blé, trois à tan, deux à foulon et sept papeteries qui fabriquent principalement du carré d'impression et de la couronne. Une seule de ces papeteries est en activité, depuis 1836, sans espérance de se soutenir longtemps. Mais on vient d'établir une mécanique à moulure qui sera d'une grande ressource, dans le voisinage où l'eau manque souvent, pendant l'été. — (Note de 1837.)

(3) Indulgentiæ centum et quadringenta dierum concessæ cunctis Christi fidelibus ecclesiam parochialem Sanctæ Suzannæ et capellam beatæ Mariæ Magdelenes visitantibus :

Cum ecclesia parochialis Sanctæ Suzannæ in castro, sivè oppido dicti loci Sanctæ Suzannæ constituta et capella beatæ Mariæ Magdelenes à dicta parochiali dependens ecclesia cenomanensis diocesis, propter carem vetustates, etiam causantibus guerris quæ longo tempore in illis partibus, proh dolor! viguerunt in magnam collapsæ sunt ruinam et ad earum reparationes Christi fidelium eleemosinæ quàm plurimum sint necessariæ, cùm ad tantum opus parochianorum dicti loci non suppetant facultates ; supplicationi quorum inclinati quia de ruinà hujus modi satis est nobis compertum, quamobrem cupientes et affectantes quod dicta ecclesia parochialis et capellam suis structuris debitè reparentur necnon libris, calibus, etc., decenter muniantur, nos cardinalis et episcopus prædictæ diocesis et legatus sanctæ sedis apostolicæ cunctis Christi fidelibus præfatas ecclesiam et capellam in diebus sancti Mathæi, Parasceve, sanctæ Mariæ Magdalenes, sanctæ Suzannæ et Dedicationis verò pœnitentes et confessi visitaverint et ad dictarum reparationes eleemosinam dederint, indulgentias centum et quadraginta dierum concedimus.

Datum, sub sigillo nostro, anno domini millesimo quadringintesimo nonagesimo quinto.

(*Archives de Sainte-Suzanne. — Eglise.*)

assemblée des habitants décida la reconstruction de cette chapelle. Elle fut rebâtie, telle qu'on la voit, en 1780; puis, après avoir été abandonnée en 1790, elle fut restaurée en 1826, à l'époque du jubilé universel.

La cure de Sainte-Suzanne, à la présentation de l'abbé d'Évron, était estimée 820 livres. Outre l'estimation de la cure, le curé possédait encore le droit de prélever « la grande et la petite dixme » sur certains terrains de la paroisse, comme il ressort d'un état ou mémoire fait en 1680.

« État ou mémoire des terres de la paroisse de Sainte-« Suzanne, que présente vénérable et discret Gilles Bor-« delay, curé du dict lieu pour servir de règlement dans le « hantage des dixmes et démarquer les terres *novales* (1) « d'avec celles qui sont d'ancienne dixme, conformément « à la sentance rendue au siège présidial de La Flèche en « date du 1er décembre 1679. Sans néanmoins que le dict « mémoire puisse préjudicier à l'appel que le dict sieur « Bordelay interjecte de la dicte sentence pour les torts et « griefs à lui faits. Le dict mémoire a été composé par le « sieur Bordelay, assisté d'anciens hanteurs de dixmes de « la paroisse, scavoir : F. Rigault, J. Richard, Guilleaume « Pépin. »

Suit l'énumération, au nombre de vingt environ, des

Indulgences de cent quarante jours accordées à tous les fidèles qui visiteront l'église paroissiale de Sainte-Suzanne et la chapelle de Sainte-Marie-Magdelaine :

Comme l'église paroissiale de Sainte-Suzanne, située dans le fort ou la ville dudit lieu, ainsi que la chapelle de Sainte-Marie-Magdelaine, succursale de ladite église paroissiale, au diocèse du Mans, tombent en ruines par vétusté, ou à cause même des guerres qui malheureusement ont affligé trop longtemps cette contrée ; et comme les aumônes des fidèles sont absolument nécessaires pour les réparations de ces édifices, les habitants n'ayant pas le moyen de subvenir à des dépenses si énormes, nous montrant favorables à leurs supplications, parce que nous connaissons l'état de désolation de cette église paroissiale et de cette chapelle, et que nous désirons ardemment qu'elles soient reconstruites convenablement et pourvues de livres, de cahiers, etc.; nous, cardinal, évêque du susdit diocèse et légat du Saint-Siège, nous accordons des indulgences de cent quarante jours à tous les fidèles qui, vraiment repentants et qui s'étant confessés, visiteront lesdites église et chapelle, aux jours de saint Mathieu, du Vendredi saint, de sainte Marie-Magdelaine, de sainte Suzanne et de la Dédicace, et feront une aumône pour la réparer.

(1) Les *novales* étaient les dîmes perçues sur les terres mises en culture postérieurement à la prise de possession de la cure par le titulaire.

*continents* de terres novales ou non novales, *mais qui pourraient le devenir*. A compter en plus (*sic*) environ cent soixante pièces de terre, jardins ou habitations novales par moitié.

La dîme ne profitait pas au seul curé de Sainte-Suzanne; il était redevable à l'abbé d'Évron de 360 livres. En outre le titulaire était tenu, pendant toute la durée de son usufruit, de toutes les réparations, de l'entretien du presbytère et de toutes les constructions qui en dépendaient. Il y avait, pour garantie de cette obligation, hypothèque sur tous ses biens, à partir du jour de sa prise de possession.

Il était obligé de mettre les lieux en bon état, et, s'il succédait à un mauvais administrateur, il avait seulement recours contre ses héritiers.

La fabrique commençait à compter le produit des bancs de l'église, ces malheureux bancs, pour l'établissement desquels il y eut tant de chicanes et de contestations. Ils rapportaient d'abord 60 livres par an et, en 1771, 100 livres et plus.

Les bancs du seigneur, du baillage et du grenier à sel étaient exempts de tous droits. Les meilleures places étaient louées douze sous et les autres huit sous.

Il y avait encore la chapelle de la Hardière, dont un des chapelains, Guillaume Hermange, fut inhumé dans l'église de Sainte-Suzanne le 6 novembre 1695. Cette chapelle, à la présentation des héritiers du fondateur, était estimée 82 livres.

En somme, en 1781, la cure valait 820 livres, la fabrique 600 livres, la chapelle de la Hardière 82 livres.

Enfin le curé avait, de temps immémorial, le droit de pêcher et de faire pêcher le *rifoul* du moulin au vicomte (Grand-Moulin), le jour de la fête de Madame Sainte-Suzanne (fête patronale). Il pouvait commencer aux vêpres de la Vigile à lever les portes du rifoul et les tenir ouvertes jusqu'au lendemain après vêpres.

# NOMS DES CURÉS DE SAINTE-SUZANNE

## Depuis le XVe siècle jusqu'en 1789

1495. Jean Georges.
1526. Jacques Beaudoin.
1537. François Chalot.
1561. François Fournier.
1589. Julien Guymont.
1594. Martin Heurtebize.
1612. Julien Courbier.
1620. Pierre Amelon.
1632. Jean Pottier.
1637. Guillaume Pottier.
1677. Gilles Bordelay.
1690. Jacques Courte de la Blanchardière.
1714. Louis Lefèvre.
1737. René Tireau.
1738. Charles Le Ménager.
1771. Jean-François Marquis-Ducastel.
1785. Jean - Baptiste Cornueau.

## CHAPITRE IV

---

### INSTRUCTION. — ASSISTANCE

Avant la Révolution, l'instruction, à Saint-Suzanne comme dans beaucoup d'autres pays voisins, laissait fort à désirer. Il y avait bien, ici et là, quelque magister parcourant les villages, allant de maison en maison, pour apprendre tant bien que mal aux enfants les premières notions de lecture et d'écriture. D'autres, plus fortunés ou plus avisés, *tenaient des classes*, assez irrégulièrement suivies. Mais, en somme, pas d'initiative de la part du maître, peu de bonne volonté du côté des enfants et beaucoup d'indifférence de la part des parents. Ceux-ci, en effet, se doutaient bien qu'ils confiaient au maître plutôt *la garde* de leurs enfants que leur instruction.

Les curés et les vicaires seuls pouvaient donner une instruction plus complète, et seuls, du reste, dans nos contrées, ils paraissent avoir pris ce soin.

Pour les filles, des veuves ou des filles charitables se chargeaient de faire l'école aux enfants. Quelques-unes de ces maîtresses étaient réellement dévouées, et on en voit des traces écrites par les personnes chargées de les surveiller.

Cependant, à en juger par le grand nombre de signatures qui couvrent les registres, il faut croire qu'il y avait encore quelques lettrés. Mais il faut arriver jusqu'en 1782 pour voir se faire jour la première idée d'une école régulièrement constituée par une fondation. A cette époque, en effet, M. d'Aveneau, qui avait la prestimonie des biens du Petit-Rocher et ses dépendances, commença à s'occuper de se *démettre* en faveur de la *charité*, qui comprenait l'instruction des jeunes filles et le soulagement des pauvres malades..

Les pourparlers furent longs : il fallait obtenir l'autorisation de Mgr l'évêque du Mans, et ce n'est qu'à partir de 1788-89 que la question paraît devoir se résoudre.

Par un acte du 20 avril 1789, M. d'Aveneau, curé de Champgenéteux, abandonnait sa prestimonie, montant à 150 livres, pour l'établissemeut de deux sœurs de charité chargées de l'instruction des jeunes filles et du soulagement des pauvres malades. Il ne se réservait que deux messes, l'une devant être célébrée le jour de l'ouverture de l'école, l'autre le jour de Sainte-Catherine.

A la date du 25 mai de la même année, les époux Guédon firent abandon de 60 livres de rente pour les pauvres.

Le duc de Praslin, seigneur engagiste de Ste-Suzanne, donna pour la même fondation une somme de 3,000 livres, qui devait être colloquée pour produire un intérêt de 150 livres.

Enfin, il devait être prélevé sur les revenus de la fabrique de Sainte-Suzanne une somme de 50 livres pour la subsistance des sœurs.

Comme on le voit, l'intention des donateurs de cette fondation était que l'instruction et l'assistance des pauvres fussent inséparables ; c'est pourquoi nous les avons réunies sous le même titre.

Mais si l'instruction commençait seulement à se régulariser, l'assistance des pauvres par le *bureau de bienfaisance* existait depuis longtemps déjà. En 1775, Mlle Bonnalain avait légué une portion de ferme qu'elle possédait à Chammes. Les habitants s'assemblèrent pour nommer un procureur des pauvres, et M. Cornuau, vicaire à Sainte-Suzanne, fut élu.

Ces nouvelles fondations ne firent donc qu'affirmer et réglementer ce qui se faisait auparavant.

On résolut de s'adresser aux sœurs de la Chapelle-au-

Riboul, et voici un extrait du traité qui fut passé entre elles et les habitants de Sainte-Suzanne :

« *Traité :* Entre les sœurs de la Chapelle-au-Riboul et les habitants de la ville et paroisse de Sainte-Suzanne portant 240 livres de rentes viagères :

« 1° Le Procureur pour Sainte-Suzanne demande l'engagement par les sœurs de faire les petites écoles et de travailler au pansement et soulagement des pauvres malades ;

« 2° Sainte-Suzanne s'engage à prélever sur les revenus de la fabrique une somme de 59 livres par chacun an pour être employée à la subsistance des deux sœurs, jusqu'à ce que les revenus soient suffisants pour les faire subsister. »

Les sœurs ayant trouvé le local proposé sain et commode ,l'agréèrent et s'obligèrent :

1° A commencer les petites écoles le 1er septembre 1789, pour être tenues deux fois le jour, de huit heures à dix heures le matin et de une heure à trois heures le soir ;

2° A n'accorder d'autres congés que les fêtes, dimanches et jeudis, ni d'autres vacances que du 1er août au 1er septembre, plus 10 jours de retraite ;

3° A administrer les médicaments fournis soit par le Procureur des pauvres, soit par d'autres personnes charitables.

Les meubles et ustensiles nécessaires devaient être fournis. (Le curé les offrit, ils coûtèrent 800 livres.)

La redevance d'engagement devait être payée de six mois en six mois et d'avance.

Ce traité fut signé de part et d'autre, et de ce jour l'instruction des enfants et l'assistance des pauvres se trouvaient régulièrement constitués, et ni les enfants, ni les pauvres ne devaient plus être abandonnés désormais.

## AGRICULTURE

Pendant la guerre de Cent ans et pendant la Ligue, dans notre pauvre pays, qui eut tant à souffrir, l'agriculture fut à peu près abandonnée ; elle était réduite à quelques produits qui n'avaient reçu ni culture, ni engrais.

Le sol ne produisait que du seigle, de l'avoine, un peu de froment, du sarrazin et du chanvre. Les vignes, dès le XVI^e^ siècle, avaient disparu ; la plus grande partie du pays était couverte par la forêt de la Charnie et par des étangs dont les deux principaux occupaient à cette époque : Le *Grand-Etang de Sainte-Suzanne*, 400 arpents en eau et 200 en rivages. L'Etang dit *des Landes*, 200 arpents en eau et 80 en rivages; sans compter les *petits étangs*, qui tous ont disparu aujourd'hui.

Si on y ajoute, d'autre part, les terres en *broussis* et en *landes*, on voit qu'il restait bien peu de terrain à cultiver. Aussi disait-on : « Terrain maigre et habitants pauvres, sol froid et ingrat. »

Dès la fin du XVII^e^ siècle, on commença à faire quelques défrichements ; d'abord dans les broussis et les landes ; ensuite on s'attaqua aux étangs, qui de jour en jour diminuèrent d'étendue.

Au XVIII^e^ siècle, les défrichements prirent une telle importance, qu'on fut obligé de les réglementer. Moyennant une assez faible redevance, les riverains pouvaient mettre en culture une certaine superficie de terrain. Mais encore fallait-il en faire la déclaration sur un registre spécial, dont on fait mention à la date de 1766. « Registre destiné à inscrire, conformément aux déclarations du Roi, du 13 avril 1766, les noms des particuliers qui ont défriché des landes ou des terres incultes. »

En négligeant le travail de ceux qui, par fraude ou par oubli, n'ont pas fait de déclaration, on relève aux archives de 1766 à 1786, 115 arpents de terres défrichées.

En 1745, on apprit la méthode de faire du trèfle dans

les terres reposées : il y réussit très bien et fut d'un immense avantage pour les cultivateurs dans l'élevage des bestiaux, qui devint d'une importance incontestable dans notre pays.

---

## INDUSTRIE. — COMMERCE

—

Les moyens de communication ayant toujours fait défaut, ni l'industrie, ni le commerce n'ont jamais été bien florissants à Sainte-Suzanne. Cependant, avant la Révolution, on comptait sur la rivière d'Erve sept moulins à papier, tous en activité, et dont les produits étaient assez estimés. De nombreux moulins à blé servaient à alimenter les paroisses voisines, presque toutes dépourvues de cours d'eau. On comptait enfin un moulin à foulon et un moulin à tan.

L'eau de cette rivière est très douce et très savonneuse; elle est d'une qualité supérieure pour le blanchissage du linge. C'est sans doute ce qui a contribué en grande partie à l'établissement des papeteries qui existaient sur l'Erve il y a plus de trois cents ans. — (Abbé Brillet.)

Aujourd'hui, toutes ces papeteries ont disparu; toutes ont été remplacées par des moulins à farine et par des tanneries.

Quant au commerce, il y a peu de chose à en dire. Il était presque nul dans cette ville, d'un accès difficile avant qu'on eût pratiqué la route stratégique d'Évron à Sablé. Les droits de péage et le mauvais état des chemins y mettaient toutes sortes d'entraves. Il n'y avait pour ainsi dire qu'un échange local et presque aucune exportation.

On peut signaler la *pêche des étangs* et se faire une idée du trafic qu'elle occasionnait à Sainte-Suzanne, sachant que dans le *Grand-Étang* seulement, qui était pêché tous les quatre ou cinq ans, on retirait 50 à 60,000 livres (?) de poisson. Un brochet pris dans une des dernières pêches, et envoyé au duc de Praslin, pesait 44 livres.

La vente des grains et des bestiaux aux foires de Sainte-Suzanne fut toujours le principal genre de commerce. Ces foires jouissaient d'une grande réputation et sont encore considérables.

La lettre patente de Louis XIV, que nous donnons ici, en constate non seulement l'utilité, mais encore la réelle importance.

FOIRES & MARCHEZ

POUR LA VILLE

de

SAINCTE SUZANNE

*LOUIS par la grâce de Dieu Roy de France et de Navarre. A tous présens et advenir salut. Notre amé et feal Conˢᵉ et notre Conseiller, notre lieutenant général au gouvernement de la province d'Anjou, gouverneur de la Ville et chasteau de la Flèche le sieur G. René Fouquet marquis de la Varanne Baron de Saincte Suzanne Nous a très humblement faict remonstrer que la Ville de Saincte Suzanne est scituée dans un lieu sy commode pour l'utilité du commerce avec ses voysins, que de temps immémorial les habitans d'Icelle ont jouy d'un marché qui s'est tenu le mardy de chasque semaine et de plusieurs foires par chascun an qui ont esté utiles tant au dict lieu de Saincte Suzanne qu'autres circonvoysins, lesquelles foires sans doubte augmenteront beaucoup dans ce temps de paix et rendront le commerce facile et profitable, s'Il nous ploisoit leur accorder* nos lettres à ce nécessaires *pour empescher qu'ils ne soyent inquiétés et troublés pour raison des dictes foires et marchés. A ces causes désirant autant qu'il nous sera possible restablir le commerce et donner moyen à nos subjects de débiter leurs denrées le plus commodément que faire se pourra, Avons à la dicte Ville de Saincte Suzanne en faveur du dict sieur Marquis de la Varanne Créé ordonné et estably, Créons, ordonnons et establissons, par ces présentes signées de nostre main, un marché qui sera tenu en la dicte Ville de Saincte Suzanne le mardy de Chasque semaine et six Foires par chascun an, pour estre doresnavant et perpétuellement tenues sçavoir, la première le premier mardy du mois de janvier, la seconde le mardy de la semaine saincte, la troisiesme le jour de Saint Mathieu, la quatriesme le jour de la Saint Eutrope, la cinquiesme le jour de Saincte Suzanne et la sixiesme le lendemain de la Feste de tous les Saints ou tous les marchands et autres personnes pourront hanter et fréquenter, acheter, vendre, troquer et eschanger toutes sortes de marchandises licites et permises avec la mesme liberté qui se pratique aux autres Joires et Marchés de nostre Royaume sans toutefois : que la présente concession puisse préjudicier à nos droicts ny donner lieu à aucune franchise à la ronde de la dicte Ville de Saincte Suzanne; qu'il n'y ait* sauf *les susdits jours autres foires et marchés, Y donnons en mandement à nostre bailly de Saincte Suzanne ou son lieutenant audit lieu et autres nos juges qu'il appartiendra, que de nostre présente grâce création et establissement, les dites Foires et marchés se fassent* toujours..... *paysiblement et perpétuellement, les habitants de la dicte Ville de Saincte Suzanne ensemble les marchands, allant venant et fréquentant icelles..... que les présentes soient signifiées aux lieux circonvoysins et ailleurs ou et ainsi qu'il appartiendra cessant et faisant cesser tous troubles et empeschements, au contraire.*

*Et affin que ce soit chose faicte et stable à toujours, Nous avons fait mettre nostre scel à ces présentes, sauf en autre chose nostre droict*

*Donné à Fontainebleau au mois de Juillet de l'an de grâce mil six cent soixante un et de nostre règne dix neuf*

Louis

AU DOS :

Par le Roy

. . . enegaud

AU DOS :

Visa

pour servir aux lettres de concessions de foires et marchés en la Ville de Sainte Suzanne

## SERVICE MILITAIRE. — MILICE

Quand il y avait lieu de procéder à une levée de milice, l'intendant était chargé d'établir, dans sa généralité, le nombre d'hommes que chaque village devait fournir. Le service militaire n'étant pas obligatoire, l'armée se recrutait au moyen d'engagements volontaires. Il y avait cependant dès cette époque un tirage au sort. Ainsi, nous voyons chaque année les jeunes gens des cinq paroisses de Sainte-Suzanne, Mézangers, Saint-Denis-d'Orques. Montreuil et Joué-en-Charnie, se réunir à la Chartreuse du Parc, en Saint-Denis-d'Orques, pour le tirage au sort.

L'intendant envoyait un commissaire ou syndic pour cette opération. En 1775-76-77, on ne demanda que trois hommes; il s'en présenta trois de bonne volonté en 1775, qui consentirent à servir « Sa Majesté si bien et en sorte « que les dits garçons ne soient inquiétés ni molestés », moyennant une somme de 660 livres, que les autres jeunes gens s'engagèrent à leur payer sans qu'il fût besoin de faire le tirage au sort.

En 1776, il y eut tirage, et le sort tomba sur un jeune homme de Sainte-Suzanne qui réussit à se faire remplacer moyennant une somme de 220 livres, qu'il dut verser immédiatement.

*TROISIÈME PARTIE*

---

# SOUVENIRS ET MONUMENTS

DES ENVIRONS DE

# SAINTE-SUZANNE

---

ACTES DU BAILLAGE EXTRAITS DES ARCHIVES

# CHAPITRE Ier

## Souvenirs et Monuments des environs de Sainte-Suzanne

Si Sainte-Suzanne et son château rappellent de beaux et nobles souvenirs, les environs de la ville ne sont pas sans intérêt ; on y voit de précieux débris de monuments antiques. Nous avons déjà signalé ce fameux camp des Anglo-Normands, dans la vallée de Bonjen, où se concentrèrent les forces réunies de la Normandie, de l'Angleterre et de la Bretagne pour combattre les plus vaillants chevaliers de l'Aquitaine, de la Bourgogne et des autres provinces de France, liguées contre Guillaume le Bâtard.

Au nord-est de ce vallon mémorable, et à 2 kilomètres de la ville, on trouve, dans le village des Erves, trois *dolmens* en pierre de grès. Le plus important, placé au milieu d'un champ voisin de la ferme, présente trois tables contiguës et disposées comme par gradins à des hauteurs différentes. La première de ces tables, posée sur quatre pierres mises debout, s'élève à 6 pieds au-dessus du sol : elle a 13 pieds de longueur, 8 de largeur et 2 d'épaisseur. On croit remarquer l'endroit où l'on déposait le couteau des sacrifices et celui où était placée la tête de la victime. Quoique ce ne soient là que des conjectures, l'illusion est facile : la forme du couteau est imprimée sur la table de manière à confirmer la tradition vulgaire. Au-dessous de cette table, une seconde est soutenue par trois pierres à 5 pieds d'élévation : elle est longue de 11 pieds, large de 7 et épaisse de 2. Une troisième, de 9 pieds de longueur sur 5 de largeur, était également portée sur trois pierres, mais à la hauteur de 4 pieds ; elle se trouve légèrement enfoncée en terre et ses bases sont renversées.

Le second monument se voit dans les *étrages* de la ferme : les six pierres, qui le composaient, sont étendues pêle-mêle, et la plupart ont été mutilées. Celle qui paraît avoir servi de table a 11 pieds de longueur et 6 de largeur.

Un troisième autel druidique a dû exister proche la maison, à moins que les pierres qu'on y trouve n'aient appartenu au monument des étrages, qui n'est lui-même qu'à une légère distance des bâtiments. Le propriétaire en a fait briser une par la moitié, depuis quelques années, pour employer les morceaux à des constructions. Ce vandalisme explique pourquoi on voit tant de débris de grosses pierres autour de la maison des Erves. La plus grande de celles que d'autres, sans doute, ont mutilées antérieurement, a six pieds carrés (1).

M. de la Pilaye, dans ses *Mémoires des antiquités de France*, tome VIII, page 367, signale auprès de ce village des Erves un *peulvan* de 8 pieds de hauteur sur le bord de la rivière. Nous pouvons attester que ce monument est inconnu dans le pays : s'il y a existé, il n'en reste maintenant aucune trace.

Ce même antiquaire prétend avoir trouvé des os de phoque dans le calcaire, non loin de la ville.

M. Maulny, naturaliste du Mans, étant venu visiter, en 1805, les autels des druides, découvrit, aux environs de la Croix-Couverte, à cent cinquante pas de Sainte-Suzanne, une terre propre à faire de la porcelaine. Il dit aussi avoir trouvé des pierres très curieuses et entr'autres une agathe, mais il n'indique pas le lieu.

Ces détails suffisent pour piquer la curiosité des naturalistes de nos jours et des amateurs d'antiquités. Les ruines de la ville, ses tours à demi-détruites, ses fortifica-

(1) Ce pays, situé dans la Charnie, dont Sainte-Suzanne était la capitale, convenait très bien aux druides, à cause des nombreux massifs de bois dont il était couvert. Aussi, les ruines des dolmens qui nous restent prouvent qu'ils y portèrent leur culte et leurs institutions.

tions renversées, peuvent en même temps donner de grands sujets de méditation, de profonds enseignements, de frappantes leçons des vicissitudes humaines. Les habitants, dont plusieurs se montrent justes appréciateurs de ces murs antiques, sur lesquels sont imprimés tant de glorieux souvenirs, devraient être jaloux de conserver jusqu'aux moindres vestiges d'une grandeur qui n'est plus. Sainte-Suzanne était, au Moyen âge, une des villes les plus importantes du Maine.

---

## LA CHARNIE

La forêt de la baronnie de Sainte-Suzanne n'était autre que la Charnie, forêt immense, dont la ville et le château de Sainte-Suzanne occupaient à peu près le point central. Le nom de Sainte-Suzanne ne saurait remonter au delà de notre première race. Il n'en est pas fait mention avant le XIe siècle. Le château serait-il une érection normande des comtes de Blois, seigneurs par conquête d'une portion considérable du Maine, comme on le voit par les chartes de restauration de l'abbaye d'Évron, en 987 et années suivantes. Le nom de la Charnie est d'une date bien antérieure. Le mot *carneia* ou ses dérivés est fréquent dans les pays de l'ancienne Celtique, en Angleterre et en France. On lui donne plusieurs significations. Il semble qu'on y voit ordinairement attachée une idée de consécration comme on le trouve à Carnak, en Bretagne, dans le pays chartrain, les Carnutes, etc. (1).

La forêt de Charnie pourrait avoir été la forêt sacrée, ce qui, dans la circonstance, s'allierait bien avec l'idée qu'entraîne presque involontairement le nom du peuple ou

(1) Telle peut être aussi l'origine d'Ernée, qui n'est que le mot *Charnie* ou *Charnay*, adouci par l'enlèvement de l'aspiration *ch*. Le *Mémorial*, tome I, page 31, cite plusieurs exemples d'un adoucissement semblable.

de la tribu qui se trouvait en arrière de cette forêt. Les *Diablintes* ou *Diaoulites*, que l'on fasse venir leur nom de la racine gréco-latine *dix* ou de la racine celtique *diaou*, *diou*, présenteront toujours à l'esprit l'idée de démons ou de génies, le pays des démons ou des génies.

---

## LE BOIS DE LANGÉ

Outre sa qualité de châtelain qui l'obligeait à entretenir un château fortifié et à le tenir à la disposition de son suzerain, le seigneur de Mézangers avait de plus l'office de *ségrayer inféodé* des landes et forêts de Langé, appartenant à la vicomté du Maine. Cet office ou espèce de juridiction, alors lucrative et honorifique, passa à Jehan de Bouillé, seigneur du Rocher, en vertu de l'échange qu'il avait fait avec le seigneur de Mézangers. Peu après cette acquisition, il rendit un *adveu* au duc d'Alençon, tant de sa terre que de sa charge inféodée de ségrayer de la forêt de Langé qu'il venait d'obtenir. Le seigneur du Rocher avait, en cette qualité, le droit d'établir des officiers inférieurs pour veiller sur les landes et bois de Langé, et il jouissait de certains profits, tels que de percevoir une taxe par tête de porcs qui glandaient et *panageaient* dans la forêt. Il recevait également les amendes pour les dégâts occasionnés dans les bois, comme aussi pour les bêtes qui s'y trouvaient à des époques prohibées. A raison de ces droits et émoluments, ce seigneur était tenu de fournir au château de Sainte-Suzanne, la veille de Noël de chaque année, cent vaisselles de bois, savoir : Un tiers en écuelles, un tiers en saucisses et l'autre tiers en tranchoirs ou assiettes plates. Mais le père d'Henri IV ayant aliéné ces landes et forêts, l'office de ségrayer ne fut plus pour les seigneurs du Rocher-Mézangers qu'un titre sans fonctions.

## CHATEAU DU ROCHER-MÉZANGERS

Le Rocher était un fief de la paroisse de Mézangers qui, avant la Révolution de 1789, relevait de Sainte-Suzanne, baillage de la Flèche et de la vicomté de Beaumont. On sait qu'Henri IV était seigneur de cette vicomté, comprenant à peu près la moitié du Maine : il en avait hérité, avec beaucoup d'autres lieux, des maisons de Vendôme et d'Alençon, et il se trouvait par là le seigneur le plus riche de France.

# CHAPITRE II

—

# BAILLAGE DE SAINTE-SUZANNE

## Actes du Baillage (1)

### B. 1461. (Liasse.) — 11 pièces, papier.

1600. — Procédure criminelle contre Julien des Lesnières, écuyer, seigneur du lieu de ce nom, en la paroisse de Vaiges, condamné à avoir la tête tranchée pour faux-monnayage ; — audition de témoins ; — réquisition aux procureurs-fabriciens des paroisses de Saint-Léger, Vaiges, Nuillé-sur-Ouette, la Chapelle-Rainsouin et Bazougers, à l'effet de fournir des hommes pour procéder à la démolition de la maison du condamné ; — publications de la mise en vente des matériaux provenant de cette démolition ; — décret de prise de corps contre des individus accusés d'avoir été les complices du sieur des Lesnières.

### B. 1462. (Liasse.) — 1 pièce, papier ; 4 pièces, parchemin.

1710-1714. — Procédures, sentences et accord relatifs à des contestations civiles entre Julienne Cousin, veuve

(1) Ces extraits ont été donnés dans le but de faciliter les recherches, que pourraient avoir à faire, aux archives du département, de nombreuses familles originaires du canton de Sainte-Suzanne.

de Pierre Delaunay, sœur et héritière de Daniel Cousin, contrôleur au grenier à sel de La Gravelle; Joseph-Philibert de Thibault de Noblet, chevalier, marquis des Prés; Henriette-Brigitte Martel, sa femme, et Catherine Gaultier, veuve de René Moraine, sieur de la Motte.

### B. 1463. (Liasse.) — 41 pièces, papier.

1760. — Tutelles des enfants mineurs de Christophe-Daniel Dutail et de Michelle Huet ; — de Michel Guéranger et de Jeanne Gaultier ; — de Louis Paumier et de Françoise Heurtebize ; — de Guillaume Piard et de Marguerite Baudry ; — émancipation de Georges Le Roy ; — baux de l'éducation de Jeanne, de Marin et de Jean Thébault ; — de Jacquine Chailleu ; — de Jeanne Paumard, etc. ; — séparation de biens entre Marguerite Chevreux et Augustin Macraigne, son mari ; — réceptions de Me Olivier Provost en l'office d'avocat au Siège royal de Sainte-Suzanne et de juge ordinaire de la juridiction temporelle d'Estival-en-Charnie ; — lettre de Françoise-Ursule de Saulx-Tavannes, veuve de Claude de Thibault de Noblet, marquis des Prés, à René Boisard, avocat et notaire à Brûlon, pour lui apprendre la mort de son mari et l'avertir de faire apposer les scellés au château de La Raguenière, en Saint-Denis-d'Orques, qui appartenait audit défunt ; — apposition des scellés audit château ; — enquête sommaire relative à une contestation civile entre Pierre Fressard et Jean Caradeux ; — saisie réelle des closeries de la Gilberdière, en Thorigné, et de la Guiochère, en Chammes, à la requête de François Leleu d'Apremont, lieutenant des chasses du comté de Durtal, et d'André Le Brucq, sur les époux Martin Girard ; — procédures relatives à une affaire de coups et blessures.

### B. 1464. (Liasse.) — 65 pièces, papier.

1761. — Tutelles des enfants mineurs d'Antoine Martin et de Marguerite Le Meunier ; — de René Rable et de

Perrine Rossignol ; — d'Étienne Le Maître et de Renée Coulon ; — de Joseph Le Sain et de Marie Cahoreau ; — de Martin Loyant et de Françoise Morteveille ; — de Jacques Androuard et de Françoise Guichard, etc. ; — émancipations de Jean et de Marie Emond ; — de Marie, Françoise-Renée et François Dufeu ; — de Perrine Garnier ; — bail de l'éducation de Marie Le Pelletier ; — apposition de scellés, après décès, au domicile de Charles Princé, de Sainte-Gemmes-le-Robert ; — enquêtes, procédures et sentences relatives à des contestations civiles entre Joseph-André Nail, Marie Tessé, François Le Breton et Anne Denoes, veuve d'Alexis Dubois ; — René Préville, fermier du moulin d'André, en Thorigné, et Perrine Guérin, veuve Thuillier ; — Paul Livet du Coudray, propriétaire de la seigneurie de Courmontais, et Pierre Moisnet, mari de Renée Livet, Marie Livet, veuve Mille et autres ; — Paul Martin et Jean Lépu, etc. ; — procédures relatives à un cas de rébellion commise envers Pierre-Guillaume-Gabriel Lapotaire, huissier, et ses adjoints.

**B. 1465. (Liasse.) — 80 pièces, papier.**

1762. — Tutelles des enfants mineurs de Joseph Angot et de Marie Lelièvre ; — de Mathurin Persigan et de Marie Engoulvent ; — de Jean Piquet et d'Anne Le Guicheux ; — de René Hiron et de Marie Roullier, etc. ; — émancipations de Julienne, Marie et Magdeleine Piquet ; — de Nicolas Landry ; — apposition de scellés, après décès, au domicile de Julien Broul, sieur du Petit-Bois, de Saint-Jean-sur-Erve ; — bail de l'éducation de Gabriel Vadepied ; — enquêtes et procédures relatives à des contestations civiles entre Geoffroy Cahoreau et Jean Lemeunier ; — René-Jean, marquis du Guesclin, et Guillaume Le Duc, sieur de la Pironnaye, etc. ; — plaintes et procédures relatives à des affaires de coups, blessures, injures et rébellion.

**B. 1466. (Liasse.) — 62 pièces, papier.**

1763. — Tutelles des enfants mineurs de Denis Thoumin et de Perrine Roux ; — de Michel Cuillerier et d'Anne Grosse ; — de Pierre Champion et de Louise Pommier ; — de René Hiron et de Marie Roullier ; — de Jacques Blanche et de Marie Launay, etc. ; — émancipations de Joseph et François Teulleau ; — de Jacques et de Jacquine Rable ; — de Julien et de Louise Crochard, etc. ; — enquêtes et procédures relatives à des contestations civiles entre Claude Bourgoin et Ambroise Bougeaut ; — Guillaume Rochette et Marin Livet ; — Pierre Geslin et André-Joseph Morin ; — le procureur du roi au baillage de Sainte-Suzanne et les avocats au même siège, au sujet de la prétention élevée par le procureur du roi de postuler et de plaider concurremment avec les avocats, etc.

**B. 1467. (Liasse.) — 53 pièces, papier.**

1763-1764. — Tutelles des enfants mineurs de Jacques Gasnier et de Marie Alaire ; — d'Alexis Bauvilain et de Marie Boussard ; — de Louis Bailleul et de Marie Coupé, etc. ; — émancipations ; — vente judiciaire de la closerie de la Haute-Chammes, en Chammes ; — bail de l'éducation de Jacquine Chaillin ; — apposition et levée des scellés ; — enquêtes et procédures relatives à des contestations civiles entre Charlotte Édard et Urbain Robidas, son mari ; — René Coutelle et François Robin ; — Pierre Bruand et Renée de Crée ; — Jacques Bouteloup et Jacques Pichon, etc. ; — enquête relative à des vols commis au préjudice de Joseph Houssier, de Neuvillette-en-Charnie ; — déclaration de grossesse d'une fille-mère.

**B. 1468. (Liasse.) — 58 pièces, papier.**

1765. — Montrée des temporels des cures de Chammes et de Chémeré ; — procédures et sentences relatives à des contestations civiles entre Joseph Le Monnier et René Trou ; — Guillaume Fouqué et Jacques Pommier ; — Gabriel Le Sain et François Coutelle ; — René Langlois de La Badouerie et Julien Le Boucher ; — Jean Le Lasseux et M. de Vaugirault, seigneur de La Massonnière, etc. ; — sentence d'élargissement d'un détenu ; — ordonnance du bailli de Sainte-Suzanne pour l'élection des notables chargés de nommer les échevins, les conseillers, syndic-receveur et secrétaire-greffier de la ville ; — procès-verbaux d'élection de ces divers officiers.

**B. 1469. (Liasse.) — 56 pièces, papier; 1 pièce, parchemin.**

1766. — Tutelles des enfants mineurs de Joseph Échard et d'Anne Lilavois ; — de Joseph Bergère et de Françoise Hossard ; — de Jean Geré et de Jeanne Pilon ; — de Jacques Corbin et de Françoise Sergent ; — de Jacques Robin et de Marguerite Garreau ; — de Jacques Richefeu et d'Anne Cosnard, etc. ; — émancipation de Perrine-Thérèze Coignard ; — bail de l'éducation de Jeanne Fouassier ; — prestation de serment des experts choisis pour estimer les biens de la succession de Charles-François Coutelle, sieur de la Tremblais, et de Marie-Marthe Pélisson, sa femme ; — publication de la vente par décret de la terre de Thévalles, en Chemeré-le-Roi, Saulges, Saint-Pierre-sur-Erve, Thorigné, Ballée et Beaumont-Pied-de-Bœuf, saisie sur Laurent-François, comte de La Roche-Lambert, et sur Michelle-Anne Douart de Fleurance, sa femme, qui l'avaient acquise de Louis-François-Joseph de Bourbon-Conti, comte de La Marche, prince du sang ; — enquêtes relatives à des contestations civiles entre François Veau et René et Jean Pion ; — Étienne Persigan et Étienne Beucher ; — Pierre Lelong et Michel de Bray.

**B. 1470. (Liasse.) — 46 pièces, papier.**

1767. — Tutelle des enfants mineurs de René Thibault et de Marie Lucas ; — de Julien Touchard et de Julienne Remiers, etc. ; — baux au rabais de l'éducation des mineurs Jeanne Peuvrier et Michelle Marchais ; — émancipations de Georges-François Patry ; — de Paul de Lépine, sieur de Beaulieu ; — de Marie Corbin ; — réception de Mathurin-Louis Delélée, en la charge d'huissier au siège de Sainte-Suzanne ; — autorisation donnée au sieur T... de faire enfermer sa fille à l'hospice-général de Laval pour cause d'inconduite ; — partage des biens de la succession de Jacques Choisnet ; — enquêtes et procédures relatives à des affaires de vol et de coups et blessures.

**B. 1471. (Liasse.) — 89 pièces, papier.**

1768. — Tutelle des enfants mineurs de Pierre Bourdin et de Marie Gaine ; — de René Mortier et de Renée Le Blanc ; — de Joseph Lemonnier et de Marie Rossignol ; — de Pierre Barbe des Croisettes et de Julienne Chanteloup, etc. ; — émancipations de Jean Davoux ; — de Jeanne-Renée, Anne-Renée et Pierre-René-François Barbe ; — de Jacques, Jeanne, Marie et Anne Le Dru ; — procédures et sentences relatives à des contestations civiles entre Anne Piquet et Jean-Baptiste Jouanneaux ; — René de Lépine et Michel Le Guicheux, au sujet de la chaussée et du moulin d'Ambrières, en Viviers ; rapports d'experts sur l'état des lieux ; — Pierre Bletteau et Julienne Blanchard, veuve de Silvestre Bletteau, etc. ; — enquête pour la rectification de l'acte de baptême de Jeanne Lemaître, qui avait été, par erreur, inscrite sur les registres de Sainte-Gemmes-le-Robert sous le nom de Jean Le Maître ; — procès-verbal de remboursement, par Me Fay, avocat au Parlement, héritier de

Jacques-Jérôme Fay, à la succession de Jacques Mille, d'une rente de 50 livres, etc.

## B. 1472. (Liasse.) — 81 pièces, papier.

1768-1769. — Tutelles des enfants mineurs de François Coulliard et de Françoise Le Rouge; — de Pierre Bellanger et Louise Lebrun; — de Julien Plessis et d'Angélique Boisseau; — de Joseph Besongnard de La Bigottière et d'Anne Provost; — de Jean Chouin et de Jeanne Launay, etc.; — baux de pension des mineurs Perrine Cottereau et Jeanne Fouassier; — émancipations de Marie Heslot; — d'Antoine Bouvet; — de François Peslier, etc.; — procédures et sentences relatives à des contestations civiles entre Michel Liziard et Antoine Verger; — Marie Frontault et Louis-François Louvard; — Antoine Bouvet du Ronceray et les héritiers de Nicolas Edin; — Jean-Armand de Therve, chevalier, seigneur de Lucé, et Louis Hublin; — Réception d'Hélie-Laurent Le Moteux comme sénéchal d'assises des châtellenies, fiefs et seigneuries de Bannes, Lefrière, La Jonchère et Cossé-en-Champagne, charge dont il avait été pourvu par Jacob-Nicolas-François-Mathieu Guitau, écuyer, seigneur de Bannes, et François-Simon Guitau, seigneur de Cossé; — entérinement de lettres de bénéfice d'inventaire pour Charles de Vaugirault, Jeanne-Renée de Vaugirault, Louis Berteau, ancien maréchal des logis au régiment de Pologne, et Marie-Ambroise de Vaugirault, sa femme, et Louise de Vaugirault, héritiers de Charles-Jean-Marie de Vaugirault, écuyer, seigneur de la Massonnière, leur frère et beau-frère; — apposition de scellés au domicile de feu Joseph-André Nail, notaire à Ballée; — procès-verbal d'entérinement de lettres à terrier par Michel-Armand, marquis de Broc, seigneur de Foultourte et autres lieux; — enquête de *commodo* et *incommodo* sur la réunion des terres et seigneuries de Bourg-le-Prêtre, Grillemont, les Ifs, Erablais, La Chaluère, la Valette, la Ramée, le fief d'Outrebois, énervé de la seigneurie de Saint-Christophe-du-Luat, en une seule terre, seigneurie et justice érigée en titre de marquisat sous la dénomination de marquisat de Bailly, dont le chef-lieu sera appelé Bailly-Bourg-le-Prestre, en faveur de Jean-Baptiste-Joseph de Baïlly, par lettres patentes du mois d'octobre 1768; — copie desdites lettres patentes et de leur enregistrement au Parlement; — commission rogatoire donnée au bailli de Ste-Suzanne à la requête du comte de Rochelambert, et donnant pouvoir audit bailli de recevoir l'affirmation des procès-verbaux du garde de M. de la Rochelambert; — réception de Ferdinand Houdeyer, en la charge de notaire de la châtellenie de Millon, de la seigneurie d'Amné et autres lieux, charge dont il avait été pourvu par Jeanne-Jacqueline de Dominique, marquise de Broc; — procuration donnée par Louise-Constance Einard, veuve de Marcellin-François Zacharie de Selles, trésorier général de la marine, et par Benoiste-Marie-Louise Einard, femme de Jacques-Raymond de l'Hôpital, comte de Sainte-Mesme, à Jacques Boulier de La Fosse, régisseur de la terre du Rocher, afin de former opposition à toute apposition de scellés sur les meubles étant au château du Rocher et dépendant de la succession de leur mère, Françoise Ouvray, veuve de Benoît Einard, chevalier, seigneur de Ravannes, le Rocher et autres lieux; — retraits lignagers; — procédures relatives à la plainte portée par Olivier Provost, avocat à Sainte-Suzanne, contre François Thibault Yver de Touchemoreau; — à une affaire de coups et blessures.

**B. 1473. (Liasse.) — 98 pièces, papier.**

1770. — Tutelles des enfants mineurs de Julien Le Piffre et de Jeanne Garnier; — de Pierre Heurtebize et de Julienne Guichard; — de Noël Troussard et de Marie-Anne Le Mesle, etc.; — émancipation de Jeanne Chartier; — bail de l'éducation de Jeanne Rocher; — levée des scellés apposés sur les meubles de feu Martin Bruneau, de Saint-Jean-sur-Erve; — commission rogatoire donnée au bailli de Sainte-Suzanne par le maître particulier des eaux et forêts de Perseigne et Mamers pour entendre des témoins relativement à une plainte portée par François-René Le Doux, écuyer, seigneur de Chammes ; — réception d'Olivier Provost en l'office de juge d'assises des fiefs et seigneuries de Voutré et Monjout, dont il avait été pourvu par Catherine-Claudine de Thibault de Noblet des Prés, veuve de Thomas Monnier de Bois-Franc, seigneur des Hauts, et par son fils Godefroy-Thomas Monnier de Bois-Franc des Hauts, mousquetaire du roi ; — réception de Henri-François Boullier des Touches, nommé notaire du marquisat de Montécler ; — déclaration des revenus et charges du prieuré de Saint-Etienne de Thorigné : les revenus sont évalués à 600 livres, les charges à 388 livres ; — copies des provisions de dom Mesnier ; — procédures relatives à des contestations civiles entre René Tireau, curé de Nuillé-sur-Ouette et Anne Desnos, veuve René Bodinier ; — Jean Peslier et Jean Bézirard, tuteur des enfants de Jean Davoust ; — Nicolas Bonneau, curé du Bourg-le-Prestre et dom Remy Carré, prieur de La Ramée, etc. ; — procédures relatives à des affaires de coups et blessures.

**B. 1474. (Liasse.) — 78 pièces, papier.**

1771. — Tutelles des enfants mineurs d'Etienne Triffier et de Louise Vallée ; — de Jacques Landelle et de Marie Blanchouin ; — de René Milcent et de Louise Rebours ; — de René Huet et de Marguerite Laze, etc. ; — baux des pensions et éducations de Jacqueline Davoust ; — de Marin Mareau ; — émancipation de Renée et de Julien Leboucher ; — apposition et levée de scellés, après décès, au domicile de Charles-Nicolas Le Ménager, curé de Sainte-Suzanne ; — lettres de bénéfice d'inventaire obtenues par Jean La Ralde et Françoise Louvard, sa femme, comme héritiers de François-Louis Louvard, leur frère et beau-frère ; — procédures et sentences relatives à des contestations civiles entre la dame de Hault, engagiste de la châtellenie royale de Thorigné, et le marquis de Flamarens, seigneur, par sa femme, d'Auvers-le-Battans ; — les héritiers de Claude-Augustin Minier et Augustin Minier, titulaire de la chapelle de Sainte-Barbe, au Bourg-le-Prestre ; François-Emmanuel Paummier, abbé de Bonneval, prieur de Cossé-en-Champagne, et les héritiers de Louis-François Louvard, son prédécesseur au prieuré de Cossé ; — montrée du temporel dudit prieuré, etc.

**B. 1475. (Liasse.) — 133 pièces, papier.**

1772. — Tutelles des enfants mineurs de René Le Deuil et d'Anne Métivier ; — de Jean Péan et de Marie Brossier ; — de Joseph Beauvais et de Renée Perrault ; — émancipations de Jean-Julien et de Michelle Moraine ; — de Mathieu, de Suzanne-Louise et d'Anne-Françoise Bichette ; — de Marie-Renée, Jean-Baptiste et Louise-Renée-Rose La Noë, etc. ; — apposition de scellés, après décès, au domicile d'Anne Pouilleul, veuve Michel Lépine ; — procédures et sentences relatives à des contestations civiles entre Simon Paigné et Marie Chapellier, sa femme, et Charles Torlore ; — François Coutelle et François Mauny ; — François Huet et François et Jean Couléard, etc. ; — acte de notoriété fait à la requête de Nicolas-Francois Boury de la Fauvelais, grainetier au grenier à sel de Sainte-Suzanne ; — élection d'officiers municipaux de ladite ville ; — relief d'adresse et de surannation de lettres patentes du Roi, du 24 octobre 1770, portant réunion des paroisses d'Amné, Lognes, Neuvy, Ruillé, Saint-Julien-en-Champagne et Saint-Symphorien au notariat de Bernay ; — montrée des réparations à faire aux remparts, tours et autres fortifications qui forment l'enceinte de Sainte-Suzanne, ainsi qu'aux bâtiments des halles, de l'auditoire et des prisons de ladite ville ; cette estimation est faite à la requête de messire Mesnard de Seillac, intendant des finances du comte de Provence, à qui la baronnie de Sainte-Suzanne venait d'être donnée en apanage ; les experts constatent que, jusqu'à présent, il n'y a pas à l'auditoire de salle destinée à renfermer les archives du greffe, et attribuent à cet état de choses la disparition des minutes antérieures à 1710; — réception de Julien Pichot de La Graverie, comme juge de Bourg-le-Prestre; — procédures relatives à la recherche des causes de la mort de René Bourné, de Saint-Denis d'Orques; — à des coups et blessures; — à la découverte des individus qui avaient tiré des coups de fusil sur un poteau aux armes du comte et de la comtesse de La Roche-Lambert, placé dans le cimetière de Chémeré-le-Roi, qui avaient détruit les armoiries et volé le poisson du réservoir du château de Thévalles.

**B. 1476. (Liasse.) -- 127 pièces, papier; 2 pièces, parchemin.**

1773. — Tutelles des enfants mineurs de François Le Masson et de Renée Roisné; — de Gervais Chailleux et de Marie Le Balleux; — de Mathurin Bouhourd et de Marie Viel; — de Joseph Bergère et de Françoise Hossard, etc.; — émancipations de René et de Louis Bouvet; — de Marie Levesque; — de Jacques et de Noël Oustin; — de Louis Saudubray, etc.; — baux d'éducation de mineurs; — appositions et levées de scellés après décès aux domiciles de René-Barthélemi Boussard, curé de Chammes; — de Julien Poirier, curé de Saint-Jean-sur-Erve; — de Jean Pellisson, curé de Mézangers; — d'Augustin Bassoin, etc.; — réception de René Chamaux en l'office d'archer-garde-huissier des monnaies; — retrait féodal du lieu de Pivay, en Neuvillette, par Henri-Daniel Nepveu, chevalier, seigneur de Neuvillette, sur Jean Ribault; — procédures et sentences relatives à des contestations civiles entre Jacques Laigneau et Etienne Bouvet; — le chapitre de l'église cathédrale du Mans et le curé de Sainte-Gemme-le-Robert; — copie des lettres de garde-gardienne accordées par le roi Louis XIV à l'église du Mans; — Thomas Lejard et plusieurs autres laboureurs de la paroisse de Rouëz et Esprit-Pierre Duprat, curé de Rouëz, et dom Thomas

Arnaud-Lapie, prieur de Tennie, etc. ; — montrée du temporel de la cure de Saint-Symphorien ; — procédures relatives à des affaires de vol et de coups et blessures.

**B. 1477. (Liasse.) — 51 pièces, papier ; 1 pièce, parchemin.**

1774-1775. — Tutelles des enfants mineurs de Guillaume Huet et d'Anne Ragot ; — de Jean Guérin et de Marie Le Balleur ; — de Paul Le Vannier et de Marguerite Allain, etc. ; — émancipations de Françoise Le Go ; — de Gabriel Launay ; — de René et de Marin Mureau ; — de René-Marin, Marin et Michelle Pommier, etc. ; — bail de l'éducation de René et de Michel Pottier ; — interdiction de Michel Bassoin ; — compte de la succession de Joseph Houssier ; — apposition de scellés au domicile de feue Marie Le Monnier, veuve de Joachim Gautret ; — procédures et sentences relatives à des contestations civiles entre Mathurin Brochard et François Le Monnier ; — Michel-Louis de La Mustière, fermier général de la Vallée-Blandouet, et les époux François Boivin ; — les époux Francois Le Dormeux et Jean Simon ; — réceptions de caution de Louise-Charlotte Thibault de La Rochetulon, marquise de Courtarvel de Pezé, dame de Salaine et du Boulay ; — réceptions de Joseph-Urbain Bournault, comme juge du Bourg-le-Prestre, et de René Lalande, comme sergent du fief et seigneurie des Charonnières, appartenant au marquis de Courceriers ; — plainte des officiers du grenier à sel de Sainte-Suzanne contre l'adjudicataire des grandes gabelles de France, au sujet de la mauvaise qualité du sel fourni par lui.

**B. 1478. (Liasse.) — 91 pièces, papier ; 5 pièces, parchemin.**

1776. — Tutelles des enfants mineurs de Noël Garnier et de Renée Danger ; — d'André Moreau et de Marie

Puisset ; — de Julien Fauveau et de Julienne Rocher, etc. ; — bail de l'éducation des mineurs Renée et François Colombu ; — émancipations de Magdelaine Baiche ; — de Louis-Pierre et de Marie-Louise Bouttier ; — partages des biens de la succession de François Couléard de La Juliettrie et d'Anne Bouvet, sa femme, entre François et Jean Couléard de La Juliettrie ; — de la succession d'Ambroise Bougeault et de Madelaine Paumier, sa femme ; — procédures et sentences relatives à des contestations civiles entre Julien Broul et Julien David ; — Gervais Hureau et les héritiers de Robert Brunet, titulaire de la chapelle de Chellé ; — Jacques Richard et François Chadaigne, etc. ; — réception de René-François Provost de Brée, comme conseiller-avocat du Roi et de Monsieur au baillage de Sainte-Suzanne ; — procédures relatives à des voies de fait ; — à une affaire de vol ; — à une recherche de paternité d'enfant naturel.

**B. 1479.** (Liasse.) — **82 pièces, papier; 4 pièces, parchemin.**

1777. — Tutelles des enfants mineurs de Jean Le Dauphin et d'Anne Oger ; — de Jacques Beauvillain et de Perrine Desmoulins ; — de Julien Turpin et de Jeanne Huet ; — de François Brossier et de Marguerite Granger, etc. ; — émancipations de Jeanne Rocher; — de Jacquine Bourdon ; procédures et sentences relatives à des contestations civiles entre Michel Cosson et Louis Régereau ; — Martin Girard et Jean Gaudin, etc. ; — montrées des chapelles du Rocher et de Chellé et de la métairie des Naillières et dépendances ; — lettres patentes, arrêt de la cour du Parlement, procès-verbaux, enquête de *commodo* et *incommodo*, relatifs à l'échange du pré Saint-Gilles ou pré Cellerier, appartenant aux bénédictins d'Évron, contre une grange et un jardin appartenant aux sieurs et dame Serclot des Guyonnières ; — procès-verbaux et sentence rendue à la requête du sieur Tarot, procureur de la fabrique de Saulges, pour la réduction des bancs de l'église de ladite paroisse ; — sentence prononçant la rectification de l'acte de baptême d'Anne-Charlotte Morteveille, dont on avait oublié de mentionner les prénoms ; — réception de Noël Lesueur, comme huissier royal fieffé de la châtellenie d'Ambrier, membre dépendant de la baronnie de Sainte-Suzanne ; — procédures relatives à des affaires de vol, rébellion envers un huissier, coups et blessures.

**B. 1480. (Liasse.) — 97 pièces, papier; 5 pièces, parchemin.**

1778. — Tutelles des enfants mineurs de Jacques Lelièvre et de Marguerite Touchard ; — de Louis Chevreul et de Jeanne Ferrand ; — de René Le Meunier et de Marie Le Sain ; — de Julien Bihoreau et de Julienne Livet, etc. ; — émancipations de Louis Gautier ; — de Marie-Rose Prillier ; — de Marie Chevreul ; — de René-Jean Le Roy ; — appositions de scellés, après décès, aux domiciles de Joseph-Bernardin Bodereau, curé de Cossé-en-Champagne ; — de Jacques Laigneau ; — procédures et sentences relatives à des contestations civiles entre Marin Livet et Pierre Rousseau ; — René Bardin et Guillaume Leduc ; — Julien Provost et Michel Picard, etc. ; — partage des biens dépendant de la succession de Joachim Gautret ; — déclaration du temporel du prieuré de La Mancelière, en Thorigné ; provisions dudit prieuré en faveur de Jean Ozanne, etc.

**B. 1481. (Liasse.) — 186 pièces, papier; 5 pièces, parchemin.**

1779. — Tutelles des enfants mineurs de René Chasle et de Marie Guilleux ; — de Thomas Goulard et de Françoise Le Gay ; — de François Macé et de Marie Touchard ; — de Michel Chevreul et de Julienne Pommerais, etc. ; — baux au rabais de pensions et éducations de mineurs ; —

émancipations de Magdeleine-Julienne Bichette ; — de Paul Baiche ; — de Jacques Crochard, etc. ; — appositions de scellés après décès au domicile de Martin Le Tessier, curé de Chammes ; — procédures et sentences relatives à des contestations civiles entre Jacques Corbin et Louis Morin ; — Jacques Richard et Renée Bigot, veuve Siméon Volant ; — François-René Le Doulx, seigneur de Chammes, Marthe-Antoinette Aubry de Vastan, veuve de Jean-Louis Portail, président honoraire au Parlement de Paris, et Louis-Gabriel, marquis de Conflans, et Antoinette-Madelaine-Jeanne Portail, sa femme, etc. ; — montrées du temporel des cures de Mézangers et de St-Jean-sur-Erve ; — déclaration du temporel du prieuré de Saint-Etienne de Thorigné, affirmée par dom Alexandre Barbier, prieur d'Évron, au nom de dom François Ragot, prieur titulaire dudit prieuré ; — procédures relatives à l'assassinat commis sur la personne de Pierre Edin, de Saint-Jean-sur-Erve ; — autopsie de Barbe Godard, trouvée noyée dans la rivière d'Erve ; — procès-verbal d'étalonnage des poids et mesures des moulins d'Ambrier et de feu Guillaume, en Viviers.

**B. 1482. (Liasse.) — 151 pièces, papier ; 6 pièces, parchemin.**

1780. — Tutelles des enfants mineurs de Nicolas Brunet et de Mathurine Morteveille ; — d'Eutrope Le Guicheux et d'Élisabeth Laze ; — de Pierre Landeau et de Julienne Masline, etc. ; — émancipations de Louis et Marin Perrier ; — de Marie-Françoise-Renée, de Renée-Jeanne-Élizabeth et d'Alexandre Duval ; — de Marie Pinot ; — appositions de scellés après décès aux domiciles de Louis Perrier, notaire à Viviers ; — de Julien Leroux, prêtre à Saint Jean-sur-Erve ; — procédures et sentences relatives à des contestations civiles entre Julien Le Guy et François Thébault, curé de Neuvillette ; — Michel Liziard et Pierre Letessier, des Saillouillères ; — montrées du temporel de la cure de Chammes ; — de la métairie des Groyes, en Cossé-en-Champagne ; — rectification de l'acte de baptême de Renée-Françoise Le Roy sur les registres de la paroisse de Voutré ; — procédures relatives à des coups, blessures et injures ; — à l'arrestation du chevalier de Breuilly et de Marie-Jeanne Oury, qui voyageaient sans passe-port.

**B. 1483. (Liasse.) — 102 pièces, papier; 4 pièces, parchemin.**

1781. — Tutelles des enfants mineurs de Jean Crié et d'Anne Rable ; — de François Jardin et de Marie Bourné ; — de Joseph Haiteau et d'Isabelle Langlois, etc. ; — émancipations de René-François Bichette ; — de Charles Richefeu ; — de Julien Cahoreau, etc. ; — appositions de scellés après décès aux domiciles de François Bouvet, de Blandouet ; — de Pierre-Nicolas Derouin, curé de Thorigné ; — de Pierre Blossier, de Neuvillette, etc. ; — dépôt du bilan de Jean-Baptiste Mézière, marchand à Évron ; — procédures et sentences relatives à des contestations civiles entre Louis Freslon et Jean Gaudin ; — la veuve de messire Jean-Louis Portail, dame de Bouillé, Monçorp et autres lieux ; — Louis-Gabriel, marquis de Conflans, et Antoinette-Madelaine-Jeanne Portail, sa femme ; — Guillaume Le Duc et Pierre Brossier ; — réceptions de François Marchais comme notaire royal à Vaisges ; — de Jacques-Francois Aveneau, comme commis greffier au siège royal de Sainte-Suzanne ; — étalonnage des poids et mesures du moulin de Grousteau, en Voutré ; — procès d'un individu convaincu de vols de chevaux et de denrées ; — condamnation à sept ans de galères, avec fustigation et flétrissure ; — arrêt du Parlement statuant sur l'appel du condamné et réduisant la peine des galères à quatre ans.

**B. 1484. (Liasse.) — 168 pièces, papier; 2 pièces, parchemin.**

1782. — Tutelles des enfants mineurs de Michel Guillet et de Madelaine Pichon ; — de François Dehais et de Louise Le Mesle ; — de Joseph Dramet et d'Anne Bougué ; — de Pierre Daveneau et de Marie Chailleux, etc. ; — émancipations de Pierre Sainton ; — de François-Michel Beauvais ; — d'Hélène Gruau ; — apposition de scellés après décès au domicile de Marie Briceau, de Sainte-Suzanne ; — dépôt du bilan de René Gaultier, laboureur à Saint-Christophe-du-Luat ; — procédures et sentences relatives à des contestations civiles entre Françoise Rocher et René Gaultier, son mari ; — René Bodinier et Louis Tribondeau ; — les époux Pierre Crosnier et Mathurin et Jeanne Berthier, etc. ; — partage des biens de la succession de René Leboucher ; — montrée du temporel du bénéfice de La Margerie, en Cossé-en-Champagne ; — déclaration de la consistance du bénéfice de La Mancelière, en Thorigné, par le prieur Charles-Gaspard Paynel ; — procédures criminelles contre Jean B..., accusé d'avoir assassiné Perrine Noyer, de Chémeré, et d'avoir ensuite jeté son cadavre dans l'Erve (*sans suite*) ; — contre Pierre Morihains, accusé du vol d'un cochon : sentence d'acquittement ; — contre François Chéreau, accusé de voies de fait envers le garde-chasse de la terre de Bourgon ; — contre René Richefeu, accusé d'insultes envers Jean Neveu, desservant du Blandouet.

**B. 1485. (Liasse.) — 118 pièces, papier ; 2 pièces, parchemin.**

1783. — Tutelles des enfants mineurs de Julien Bergère et de N... Guillieux ; — de René-François Picard et d'Ambroise Davoust ; — de Pierre Millière et de Marie

Mocquereau ; — de Jacques Dubray et d'Anne Mezière ; — de Jacques Frétigné et de Julienne Lejeard, etc. ; — émancipations de Michel Le Monnier ; — de Joseph-Pierre-Jacques Hellault ; — de René Dauphin ; — de Denis Vaigreville, etc ; — apposition de scellés, après décès, au domicile de René Bordin de La Chaumondière, de Chémeré-le-Roi ; — procédures et sentences relatives à des contestations civiles entre Pierre Echard et Julien Souvré ; — le procureur du roi au siège de Sainte-Suzanne et Mathurin Marchais ; — partage des biens de la succession de N... Viel, de Neuvillette ; — montrée du lieu de la Richardière, en Saint-Léger ; — procédures criminelles contre Michel P..., qui avait, dans une rixe, donné un coup mortel à son agresseur ; lettres de rémission accordées audit P... (signatures autographes de Louis XVI et du ministre Gravier de Vergennes) ; — contre Mathurin L..., accusé de vol et d'attaques nocturnes.

**B. 1486. (Liasse.) — 170 pièces, papier; 4 pièces, parchemin.**

1784. — Tutelles des enfants mineurs de Louis Tribotté et de Françoise Bruand ; — de Joseph Gasnier et de Marie Le Roy ; — de Michel Briou et de Marie Besognard, etc. ; — émancipation de Jean-Baptiste Levrard ; — apposition de scellés sur les meubles de feue Marie Guérin, veuve Pierre Mareau ; — procédures et sentences relatives à des contestations civiles entre les héritiers de Julien-François Duchesne ; — les héritiers de René Bordin de la Chaumondière et Julienne Barbe, veuve de Joseph Bordin de L'Hommeau ; — les héritiers de Perrine Bessirard et les héritiers de Jean Roblot et de Marie Oger ; — procès-verbal d'entérinement de lettres de commissaire à terrier, obtenues par des religieux de la Chartreuse du Parc, pour les fiefs de leur abbaye ; — par Jérôme Le Clerc, écuyer, seigneur des

Gandesches, pour ses fiefs de la Raguenière, Montmartin, Bourdanchouan et autres lieux ; — partage des biens de la succession de François-Pierre Cavé ; — procédures criminelles contre des individus accusés de coups et de blessures ; — contre Jacques M..., accusé d'émission de fausse monnaie ; — ordonnance générale de police pour le bailliage de Sainte-Suzanne ; — autre ordonnance interdisant aux marchands forains de dresser des échoppes ou étaux sans y être autorisés ; — arrêt du Parlement ordonnant la visite, par des commissions spéciales, des cimetières de Saulges, Voutré, Sainte-Gemmes-le-Robert, Mézangers, Neuvillette, Etival, Saint-Christophe-du-Luat, Saint-Léger, Saint-Georges-sur-Erve et Chémeré, pour en constater le degré d'insalubrité et aviser au moyen de les transférer, s'il y a lieu, en des lieux plus éloignés des habitations ; — procédures relatives au transfert des cimetières de Thorigné, de Saint-Pierre-sur-Erve, de Cossé-en-Champagne, de Bannes, de Chammes, de Blandouet.

**B. 1487.** (Liasse.) — **118 pièces, papier ; 2 pièces, parchemin.**

1785. — Tutelles des enfants mineurs de Jean Houdiard et de Michelle Janvier ; — de Charles Lemasson et de Marie Oger ; — de François Froissard et de Julienne Félard, etc. ; — baux au rabais de l'éducation de Jeanne Le Meunier ; — d'Anne Massot ; — de Jeanne Chartier, etc. ; — émancipations de Louise-Françoise Harrouard ; — de Michel et Barbe-Françoise Pélerin, etc. ; — apposition de scellés sur les effets de feu Jacques Le Noble, prêtre, demeurant à Blandouet ; — informations sur la certitude des noms de baptême de Charles-René-Louis Coutelle de La Houssaye ; — sur la légitimité de Julienne Veau et la certitude de son baptême en la paroisse de Voutré ; — procès-verbal de reconnaissance d'une erreur dans l'énumération des titres du trésor de la cure de Ste-Suzanne présumés manquants ; — vente judiciaire de la moitié de la Grande-Maison, sise au bas bourg de Chammes ; — réception d'Olivier-René Provost du Bouriou, comme notaire royal au bailliage ; — procédures criminelles contre des individus accusés de coups, blessures, injures, menaces ; — procédures relatives à la translation des cimetières de Neuvillette et de Sainte-Gemmes-le-Robert ; — procès-verbal de fixation du prix des fourrages ; — déclaration par Julien Broult de son intention de porter sur lui dans ses voyages, pour sa sûreté personnelle, deux pistolets à deux coups.

**B. 1488. (Liasse.) — 185 pièces, papier, 4 pièces, parchemin.**

1786. — Tutelles des enfants mineurs de Michel Lefèvre et de Marie Millet ; — de Joseph Langlois et d'Elisabeth Lelong ; — de René Béasse et de Marie Labbé, etc.; — nomination d'un curateur pour représenter les intérêts de Julien Provost, de Saulges, qui était à l'île Saint-Domingue pour les affaires de son commerce ; — émancipations de François et de Perrine Chartier ; — de Renée Picard ; — de Louise Chamroux, etc. ; — appositions de scellés après décès aux domiciles d'Anne Provost, veuve de Joseph Besognard de La Bigottière ; — de Georges Le Granger, desservant de Blandouet ; — de Jacques-François-Siméon Le Tourneur, prêtre, titulaire des bénéfices de Davoust, de Godefroi et du Collège, en Saint-Jean-sur-Erve ; — réception des réparations de la cure de Cossé-en-Champagne et du bénéfice de la Rétrivière, en Sainte-Gemmes-le-Robert ; — procédures et sentences relatives à des contestations civiles entre Françoise Hardy et Jacques-Jean de Lépine ; — Charles, prince de Rohan et duc de Montbazon, mari de Louise-Aglaë de Conflans, propriétaire du domaine du Portail, dépendant de la terre de Bouillé, et Noël Chevalier, fermier dudit domaine, etc. ; — procédures criminelles contre des individus accusés de coups et blessures et de vol : condamnation de Pierre G... à la flétrissure et à 5 ans de galères, pour vol de 2 chevaux ; — contre une femme accusée d'avoir célé sa grossesse et occasionné son avortement ; — contre les auteurs de la mort d'un enfant nouveau-né, trouvé dans l'étang de Saint-Léger ; — autopsie des cadavres de Julien Benoist, trouvé noyé dans un trou de minerai de la Lande-au-Rouge, en Saint-Christophe-du-Luat ; — de René Pottier, qui est reconnu avoir succombé à la faim, etc.

**B. 1489. (Liasse.) — 155 pièces, papier; 4 pièces, parchemin.**

1787. — Tutelles des enfants mineurs de François Garnier et de Geneviève Hamelin ; — de René Brunet et de Marie-Thérèze Morainne ; — de Julien Peslier et de Renée Quesloyer, etc. ; — émancipations de Michel et de Julien Chevalier ; — de Jean Tatin ; — de Catherine et de Renée Crison, etc. ; — appositions de scellés après décès aux domiciles de François Christophe, curé de Bannes ; — de Pierre Beaudet, curé de Sainte-Gemmes ; — de Mathieu Bichette, etc. ; — procédures et sentences relatives à des contestations civiles entre Marin Cochon, Jean Veau et autres ; — la marquise de Montécler et Noël-Servais Geslot ; — Olivier Huet et Étienne Fretté, curé de Thorigné, etc. ; — acceptation par les religieuses bénédictines d'Évron d'une partie des biens des religieuses bénédictines de Saint-Denis, de Saint-Calais, dont la communauté était supprimée ; — montrées de réparations aux temporels des bénéfices de Sainte-Serenne, en Torcé, et de l'Éfrière, en Bannes ; — procédures criminelles contre des individus accusés de coups et blessures ; — de rébellion envers un huissier et ses recors ; — de vol : condamnation de Louis D... à trois ans de galères et à la flétrissure, pour vol d'un cheval ; appel du condamné au Parlement ; arrêt du Parlement ordonnant un plus ample informé de six mois.

**B. 1490. (Liasse.) — 172 pièces, papier; 7 pièces, parchemin.**

1788. — Tutelles des enfants mineurs de François Cahoreau et de Louise Belois ; — de Michel Legendre et de Marguerite Richefeu ; — de Jean Bergère et de Jeanne Favry, etc. ; — baux d'éducation de mineurs ; — émancipations ; — appositions de scellés, après décès, aux domiciles de Marie Deslais, veuve Guillaume Sédillère ; — de Joseph Morin, curé de Livet ; — de François Provost ; — procédures et sentences relatives à des contestations civiles entre Paul Heurtebize et Jacques-Jean Delépine ; — Jean Lirochon de la Paignaudière et ses frères et sœurs ; — montrées du temporel des cures de Sainte-Suzanne ; — de Saint-Georges-sur-Erve ; — du lieu du Haut-Essard, en Sainte-Suzanne ; — état et estimation des biens-fonds et rentes des successions de Joseph Besognard, sieur de La Bigottière, et d'Anne Provost, sa femme ; — vente judiciaire du lieu de la Pausuère ; — procédures criminelles contre des individus accusés de coups et blessures, de vol et de maraudages ; — condamnation de René P... en trois ans de galères avec flétrissure, pour vol d'un cheval; arrêt du Parlement statuant sur l'appel du condamné et commuant la peine des galères en celle de trois ans de bannissement; — plainte des curés de Thorigné, Saint-Pierre-sur-Erve et Saulges contre des individus qui entraient dans leurs églises pendant les offices, s'emparaient des places réservées aux chantres et à d'autres personnes, ou se tenaient obstinément dans les passages de l'intérieur de l'église et troublaient ainsi le service divin ; ordonnance du bailli de Sainte-Suzanne pour prévenir le retour de ces abus.

**B. 1491. (Liasse.) — 124 pièces, papier ; 6 pièces, parchemin ; 1 sceau.**

1789. — Tutelles des enfants mineurs de René Le Gris et de Françoise Bessirard ; — de Jean Pichon et de Perrine Coutelle ; — de François Bretonnière et de Louise

Pommier, etc. ; — émancipations de Marie Baguelin ; — de Michelle Moquereau ; — de Pierre Lemercier, etc. ; — procédures et sentences relatives à des contestations civiles entre René Le Guy et Louis Esnault : — René Souris et Antoine-Jacques-Quentin Duhamel, chanoine de Cambrai, prieur mandataire du prieuré de Montlivoye-en-Amné, représenté par son fermier-général, Jacques Mauboussin ; — les chartreux du Parc et les enfants de Jacques Richard, propriétaires du moulin de La Roche-Brault, en Thorigné, etc. ; — appositions de scellés, après décès, aux domiciles de Jeanne Filoche, veuve de René Milcent ; — d'Anne Denoes, veuve de René Bodinier ; — procuration générale donnée à Joseph-Urbain Bournault des Loges, procureur fiscal de la baronnie d'Évron, par Louis-Marin Duval, qui partait pour Port-au-Prince, en l'île Saint-Domingue, où il devait s'établir comme apothicaire ; — retrait lignager de la terre et seigneurie de Courmontais, en Sainte-Gemmes-le-Robert, exercé par Paul-Louis François de Lépine de Beaulieu, député aux États généraux, sur les enfants de Joseph-Antoine Livet de la Chéronnière, qui avaient acquis cette terre de Marie-Thérèze Livet du Coudray ; — lettres patentes (imprimées) de Monsieur, frère du Roi, duc d'Anjou et comte du Maine, ordonnant qu'à la diligence de René-Eugène Aubin, feudiste à Angers, il sera fait commandement à tous propriétaires, engagistes et détenteurs de biens situés dans la mouvance du château d'Angers, de faire à un certain jour leurs déclarations censuelles et nouvelles reconnaissances par-devant ledit Aubin ; — autres lettres patentes (manuscrites) du même, donnant commission au sieur Serveau, feudiste à Evron, de faire savoir à tous les vassaux et tenanciers de la baronnie de Sainte-Suzanne qu'ils auront à faire la reconnaissance des devoirs et redevances par eux dus à ladite baronnie (signature autographe de Monsieur ; — procédures criminelles relatives à des individus accusés de menaces de mort et d'incendie et de port d'armes illégal ; — de coups et blessures ; — de tapage ; — de vol ; — ordonnance de police concernant le marché aux grains de Sainte-Suzanne.

**B. 1492. (Liasse.) — 133 pièces, papier; 2 pièces, parchemin.**

1790. — Tutelles des enfants mineurs de Michel Bonjean et de Marie-Marthe-Madeleine Frescher; — de Charles Bodereau et de Guillemine Tireau ; — d'André Guillon et de Jacquine Janvier ; — de François Dagoreau et de Marie Foliot ; — de Pierre Esnault et d'Anne Morillon, etc. ; — bail au rabais de la pension du mineur Mathurin Duré ; — apposition de scellés, après décès, au domicile de Christophe Le Boul, curé de Saint-Pierre-sur-Erve; — estimations des biens des successeurs de Julien Varvasseur ; — de Jean Saudubray ; — procédures et sentences relatives à des contestations civiles entre Hiacynthe-Françoise Le Mercerel de Châteloger, veuve de Marin-René Le Mesnager, seigneur de La Dufferie, Charles-Hiacynthe-René Le Mesnager de La Dufferie, leur fils, et René Rable ; — Renée Gigan et Pierre Trouillard, son mari ; — Jean-Gilles Houdinière, curé de Chemiré-en-Charnie, et François-Michel Bellanger, son prédécesseur ; — procédures criminelles contre Jean-Pierre F..., arrêté pour vagabondage ; — contre plusieurs individus accusés du meurtre de Julien Le Roy, de Cossé-en-Champagne ; — contre divers autres accusés de coups et blessures, injures, diffamation.

**B. 1493-1510. — 18 registres in-folio répétant les pièces précédentes.**

1756-1790. — Causes d'audiences civiles.

**B. 1511-1517. — 7 registres in-quarto.**

1765-1790. — Jugements des causes consulaires rendus au baillage de Sainte-Suzanne.

**B. 1518. (Registre.) — In-quarto, 12 feuillets, papier.**

1745-1749. — Remembrances d'actes divers ; — acte de vente des lieux de La Havardière et de La Bidaudière, en Saulges, par Simon Provost à Pierre Lefebvre de La Barre ; — édits du Roi portant création de 500.000 livres de rente sur la ferme générale des Postes ; — portant création de rentes à capital remboursable en 10 ans et ordonnant pour le paiement de ces capitaux la levée de 2 sous par livre en sus du dixième, pendant le même temps ; — extrait de lettres patentes confirmant un traité fait entre les commissaires du Roi et ceux des États de Languedoc pour un emprunt de 6.000,000 ; — édit du Roi supprimant les juridictions de prévôtés, châtellenies, prévôtés foraines, vicomtés vigneries et toutes autres juridictions royales établies dans les villes où il y a des sièges de baillage en sénéchaussée et les réunissant aux baillages et sénéchaussées desdites villes ; — arrêt du parlement supprimant des imprimés, etc.

**B. 1519. (Registre.) — In-quarto, 7 feuillets, papier.**

1751-1754. — Remembrance d'actes divers ; — contrat de vente des lieux de La Baforière, Foraintu, l'Epinay, La Moutonnière, Les Brières, la Dibonnière, le Carrefour, en Saint-Jean-sur-Erve, par Louis de Masseilles, chevalier, seigneur de Millon, à Mathurin Bordin et à Marie Pélisson, sa femme ; — contrat de mariage de Jacques Le Merlier et de Renée Bertier, veuve de Julien Deshayes ; — réception d'Alexandre Pautonnier comme chirurgien, à Sainte-Suzanne, etc.

**B. 1520. (Registre.) — In-quarto, 5 feuillets, papier.**

1760. — Remembrance d'actes divers. — Testament de haut et puissant seigneur Claude-René Thibault de

Noblet, marquis des Prés, comte de Créance, chevalier de Saint-Louis, ancien capitaine de dragons au régiment de L'Hôpital, seigneur de Thulon, du Terreau, de Chevagny-le-Lombard, des Prés, du Mont-de-France, de Voutré, Monjon et dépendances de la Raguenière, de Montmartin, de Thorigné et autres lieux, demeurant ordinairement en son château du Terreau, paroisse de Vérosvre, au baillage de Charolles.

**B. 1521. (Registre.) — In-quarto, 16 feuillets, papier.**

1766. — Registre destiné à inscrire, conformément aux déclarations du roi, du 13 août 1766, les noms des particuliers qui ont défriché des landes et terres incultes. — Défrichements par Jean-François Pellison, de Gennes, d'un nombre indéterminé d'arpents sur les rivages de l'Etang-Neuf, en Sainte-Suzanne ; — par Anne Provost, veuve de Joseph Besongnard, de La Bigottière, de six journaux dans la lande de Beslue ; — par Pierre Gilard et la veuve Langlois de six journaux derrière les rochers de la lande de Sainte-Suzanne ; — par Marin Gaisne d'un journal et demi dans la lande de Saint-Jean, etc.

**B. 1522. (Registre.) -- In-quarto, 31 feuillets, papier.**

1771 1780. — Déclarations de défrichements de landes et terres incultes par François Géhard ; cinq journaux de lande à La Petite-Talbotière, en Saint-Léger ; — la veuve Leguicheux, dix journaux dans les landes de Neuvillette ; — Nicolas Trébons, huit arpents de lande à la Coualinière, en Viviers ; — Jean Deshayes, cinq journaux de lande à Marcé, en Saulges, etc.

**B. 1523. (Registre.) — In-quarto, 14 feuillets, papier.**

1781-1685. — Déclarations de défrichements de landes et de terres incultes par Jacques Choisnet : cinq journaux de terre inculte au lieu des Grands-Bignons, en Saint-Jean-sur-Erve ; — Mathurin Lépinard, trois journaux dans la lande du Houx, en Brée ; — François Jeanne, cinq journaux dans la lande de Charnie, etc.

**B. 1524. (Registre.) — In-quarto, 15 feuillets, papier.**

1786-1791. — Déclarations de défrichements de landes et terres incultes par les représentants du duc de Praslin : trente-deux journaux de l'Etang-Neuf, en Sainte-Suzanne ; — Pierre Bretonnière, cinq journaux de lande aux Sept-Carrefours, en Saint-Léger ; — Louis Chadaigne, trois journaux de lande et un *broussis* (endroit couvert de broussailles) au lieu de La Tréhardière, en Saint-Pierre-sur-Erve, etc.

**B. 1525. (Registre.) — In-quarto, 8 feuillets, papier.**

1636-1745. — Déclarations de grossesse de filles-mères. Nombre des déclarations : en 1736, 1 ; — en 1739, 3 ; en 1744, 6, etc.

**B. 1526. (Registre.) — In-quarto, 4 feuillets, papier.**

1745-1750. — Déclarations de grossesse de filles-mères. Nombre des déclarations : en 1746, 2 ; — en 1749, 2 ; de 1750 à 1785, 101, etc.

# ERRATA

1° Page 13, 1re ligne de la note. Au lieu de : *Charta de castro Santæ Suzannæ;* lire : *Charta de castro Sanctæ Suzannæ.*

2° Page 38, 5e ligne. Supprimer les mots : *Sainte Suzanne seule demeura au roi;* et lire : *Sainte-Suzanne seule résista aux efforts,* etc.

3° Page 54, 16e ligne. Au lieu de : *Provost du Bourrion;* lire : *Provost du Bourriou.*

# TABLE DES MATIÈRES

## TROISIÈME PARTIE

*Souvenirs et Notes diverses.*





Sillé-le-Guillaume. — Impr. VEAU-BESNARDEAU.

V.-B.

www.ingramcontent.com/pod-product-compliance
Ingram Content Group UK Ltd.
Pitfield, Milton Keynes, MK11 3LW, UK
UKHW021212220726
13924UKWH00003B/1487